LOUIS HOURTICQ

PROFESSEUR À L'ÉCOLE NATIONALE DES BEAUX-ARTS.

L'ART FRANÇAIS

Guide du musée d'enseignement de l'art français de

MONTRÉAL

IMPRIMERIE NATIONALE

1922

PRIX : 2 FRANCS.

LOUIS HOURTICQ

PROFESSEUR À L'ÉCOLE NATIONALE DES BEAUX-ARTS.

L'ART FRANÇAIS

Guide du musée d'enseignement de l'art français de

MONTRÉAL

IMPRIMERIE NATIONALE

1922

Cahier XI-XII.

TABLE DES MATIÈRES.

INTRODUCTION.

Au nom du Comité France-Amérique de Montréal, *dont il est président, l'Hon. René Daudurand a demandé au Comité de Paris d'organiser à Montréal un musée pour l'enseignement de l'art français. Ce musée est destiné aux étudiants & particulièrement aux artistes décorateurs. Le Conseil municipal de la ville de Montréal a fourni les fonds néceßaires & il a réservé un emplacement dans le hall d'entrée & au premier étage de la Bibliothèque municipale.*

Le Comité France-Amérique de Paris s'est empreßé de répondre au désir du Comité de Montréal. Une commißion composée de MM. François Carnot, président, Léonce Bénédite, Louis Gillet, Guénard, Jean Guiffrey, Louis Hourticq & André Michel & avec le concours de M. Bulloz, a établi le programme de ce musée d'enseignement, en tenant compte des intentions des auteurs du projet qui sont de fournir avant tout à des étudiants décorateurs des documents pour nourrir leur imagination & former leur goût.

Un musée de ce genre, ne peut, en ce qui concerne le paßé, être composé dans son ensemble d'œuvres originales. Toutefois, en ce qui concerne le présent, il en est tout autrement & pour présenter une branche de l'art français, notre art décoratif contemporain, il a paru poßible de grouper quelques-unes des pièces les plus admirées dans nos récentes expositions parisiennes. Une vitrine d'objets d'art précieux fera connaître à Montréal plusieurs de nos décorateurs les plus estimés. Cette partie du musée n'est qu'un spécimen destiné à prendre dans l'avenir l'extension que comporte l'art contemporain; elle devra, au fur & à mesure des poßibilités financières, s'enrichir d'acquisitions nouvelles.

Pour l'art ancien, on ne pouvait songer à raßembler des œuvres originales; il a fallu se contenter de reproductions par le moulage ou la photographie. Mais on s'est efforcé d'éviter la monotonie du plâtre & de l'image en noir, par la variété des procédés de reproduction. Des moulages reproduisent quelques monuments illuſtres de la sculpture française; des photographies, des gravures, en noir & en couleurs, conſtituent une riche documentation sur l'hiſtoire de l'architecture, de la sculpture, de la peinture & des arts décoratifs. Les plus importants de ces documents sont encadrés & seront exposés d'une manière permanente dans les salles du musée; mais la plus grande partie des photographies reſte contenue & claßée méthodiquement dans des portefeuilles, où les étudiants pourront aisément les consulter. Le présent catalogue a été composé pour faciliter les recherches de ceux qui voudront utiliser cette documentation.

Un musée de reproductions ne saurait offrir l'attrait d'une collection d'œuvres originales. Mais il compense cette infériorité par ses mérites didactiques. Il présente dans son ensemble, sans lacune grave, l'hiſtoire entière de notre art. Cet art qui parle français sera compris au Canada. Ces œuvres sont un trésor de famille qui appartient aux Français du vieux monde, comme à leurs cousins d'Amérique. Les Canadiens reconnaîtront sans peine une beauté que nous appelons française mais qui eſt auſſi à eux, car elle eſt l'œuvre de nos ancêtres communs.

PRÉFACE.

Ce petit livre que le *Comité France-Amérique* présente au public canadien est, en lui-même, un tableau complet de l'art français : la science & le goût de M. Louis Hourticq l'ont composé.

L'idée initiale est celle-ci : comment faire connaître au public étranger qui ne vient pas en France l'art plastique français ?

En matière d'art plastique, les yeux seuls peuvent connaître : or, comment soumettre aux yeux l'immense variété de nos monuments ? La plupart d'entre eux (sauf pour certains morceaux exceptionnels & pour la gravure) ne peuvent être transportés : on ne peut donc les faire apprécier que par la reproduction. Il s'agit d'organiser un musée, un musée de reproductions.

Tel est le programme : constituer un musée de reproductions modèle, de telle sorte que grâce à lui, les yeux & l'esprit, satisfaits, puissent remonter aisément jusqu'à l'ensemble & jusqu'à l'essence de l'art créateur.

Or, c'est précisément ce qui vient d'être accompli dans ce *Guide du musée d'enseignement de l'art français, de Montréal (Canada)*. Petit livre gros de choses !

Le *Comité France-Amérique*, grâce à de généreuses

collaborations, a pu créer à la fois le *Musée* & le *Guide*. Et il se trouve qu'il a créé, du même coup, un modèle de guide & un modèle de musée.

Car, ces deux créations sont exemplaires; elles sont des types à la fois de propagande & d'enseignement. Combien de villes françaises envieront à Montréal les richesses ainsi transplantées dans cette noble ville! Avoir tout l'art français chez soi, en ordre & avec les explications essentielles, tel est le résultat obtenu, du premier coup, en faveur de ces fils d'une France lointaine dont la générosité, pour la France mère, s'est montrée inépuisable pendant la grande guerre.

La gratitude est ingénieuse; la France essaye de témoigner de la sienne à sa manière. Durant la guerre de Cent ans, tandis que son sol était envahi & sa population décimée, elle répandait en Europe l'art des cathédrales & l'art des primitifs. Maintenant, elle s'adresse à l'Amérique française & lui dit : «Me voici ! Voici ce que j'ai de meilleur, mon art.» Elle répare ainsi, autant qu'elle peut, les maux de la grande guerre, tandis qu'on lui chicane à elle-même les moyens de sa propre réparation !

Gabriel HANOTAUX,
de l'Académie Française,
Président du *Comité France-Amérique.*

L'ART FRANÇAIS

PREMIÈRE PARTIE

LE PASSÉ DE L'ART FRANÇAIS

CHAPITRE I : LE MOYEN ÂGE.

Histoire de l'Art français.

I. LES ORIGINES DE L'ART FRANÇAIS.

L'ART français, comme la civilisation française tout entière, a, en dehors de l'élément indigène ou gaulois, trois origines : l'une romaine, la seconde barbare ou germanique, la troisième chrétienne.

C'est sous la domination romaine que l'ancienne France, ou Gaule, entra dans le cercle de la civilisation antique. Les provinces furent reliées les unes aux autres par des voies romaines rectilignes, solidement pavées, qui n'ont pas entièrement disparu. Celles dont les traces sont effacées ont été remplacées par des routes modernes, qui suivent les mêmes directions & unissent des villes construites sur des ruines de cités romaines.

2

Les monuments romains sont nombreux sur notre sol. Ils sont semblables à ceux de l'Italie : art officiel & utilitaire, d'un style uniforme, destiné à l'agrément & au confort des grandes cités. En Provence, où la civilisation latine fut le plus intense, Orange, Nîmes & Arles conservent des monuments qui sont parmi les plus beaux du monde : théâtres, arcs de triomphe, aqueducs (Pont du Gard, Maison Carrée de Nîmes, Arènes de Nîmes, Arc d'Orange).

En allant vers le nord, jusqu'à la frontière de l'Empire romain, c'est-à-dire les rives du Rhin, on rencontre de nombreuses villes gallo-romaines dont quelques-unes ont conservé des monuments dignes d'admiration. La ville de Lyon a perdu les siens ; mais Vienne, Autun, Reims, Besançon, Paris possèdent encore des restes de temples, de thermes ou d'arcs de triomphe. En allant de Provence vers l'ouest, la route est jalonnée de monuments gallo-romains, à Nîmes, à Toulouse, à Bordeaux, à Saintes.

Durant le cours du IVe siècle après Jésus-Christ, les digues de l'Empire cédèrent sous la poussée des invasions germaniques. Pendant de longs siècles, la civilisation antique se décomposa. Les Barbares détruisirent plutôt qu'ils ne construisirent. Dans les monuments d'architecture les plus anciens du Moyen Âge (IXe siècle), il est bien difficile de faire la part de ce qui appartient aux populations germaniques. Si l'on voulait retrouver ce qui leur revient dans la formation de l'art du Moyen Âge, c'est dans les œuvres d'orfèvrerie qu'il faudrait aller le reconnaître. Les Barbares furent forgerons & orfèvres. Quelques pièces rares, comme celles conservées au Musée de Cluny, montrent qu'ils ont pratiqué les art du métal & du feu & qu'ils savaient enchâsser dans l'or des pierres fines non taillées. Peut-être l'industrie de l'émaillerie, si florissante au Moyen Âge, a-t-elle été introduite chez nous par les envahisseurs germaniques.

Dans la formation de l'art du Moyen Age, la part du christianisme est considérable, non point parce qu'il apportait des formes inédites, mais parce qu'il obligeait l'art traditionnel à traduire les idées nouvelles. C'est lui qui fit construire de vastes basiliques pour les cérémonies du culte ; c'est lui qui a développé l'orfèvrerie barbare pour abriter ses reliques.

II. L'ART ROMAN.

CIVILISATION MONASTIQUE. — On appelle art roman celui qui s'est développé au cours des xie & xiie siècles. Son nom rappelle son origine romaine. Il est, en grande partie, une création de civilisation monastique. Pendant les troubles qui suivirent les invasions germaniques, la civilisation s'était réfugiée dans les monastères. Les plus illustres des moines furent les Bénédictins de Cluny, qui bâtirent dans cette ville la plus vaste des abbayes de la chrétienté. Ils répandaient à travers le monde civilisé, de Saint-Jacques de Compostelle en Terre Sainte, leur savante architecture. Sous leur direction, l'art roman s'est propagé sur tout le sol de l'ancienne Gaule.

Le plan de l'église romane est celui de l'ancienne basilique : une grande nef & souvent deux nefs latérales ; devant le chœur, un transept ; derrière le chœur, une abside ; à l'entrée, un porche. L'église est bâtie sur un plan qui a la forme d'une croix latine. La grande différence entre la basilique antique & l'église romane est dans l'emploi de la voûte en pierre qui remplace la charpente. Cette voûte est généralement en plein cintre, parfois en arc brisé ou en arête. Pour soutenir la pesée de cette lourde voûte de pierre, il faut des murailles épaisses & des piliers massifs. Les premières églises romanes sont basses, trapues.

L'architecture romane s'est répandue sur tout le sol de l'ancienne Gaule, s'adaptant aux ressources & aux habitudes locales. Les plus beaux édifices se trouvent en Auvergne. Les églises de Bourgogne ont l'aspect moins robuste que celles d'Auvergne ; les architectes sont moins préoccupés de solidité que d'élégance. Les Provençaux, en relations constantes avec leurs voisins bourguignons, ont imité leurs constructions.

Les églises romanes de Poitou & de Saintonge sont

très nombreuses ; la pierre tendre de cette région se prête merveilleusement à la sculpture ; les façades, les portails latéraux s'ornent de motifs finement taillés, arabesques & personnages. Enfin, les provinces du Nord, comme la Normandie, ont élevé de beaux édifices romans, d'allure audacieuse.

SCULPTURE ROMANE. — Les églises romanes sont généralement décorées d'ornements ou de figures sculptés en bas-reliefs. Cette sculpture, qui n'est encore qu'une parure de l'architecture, est localisée sur les façades, & plus spécialement aux portails, ainsi qu'aux chapiteaux des piliers intérieurs. Ce sont, le plus souvent, des images orientales qu'il faut reconnaître sur les tympans ou chapiteaux des églises romanes, & c'est ainsi que cette sculpture paraît à la fois très jeune & très ancienne.

Parmi les monuments les plus remarquables de la sculpture romane, il faut d'abord citer le tympan de l'église de Vézelay, en Bourgogne, où se trouve représenté Jésus donnant leur mission aux apôtres. A Autun, un Jugement dernier met sous nos yeux, avec une éloquence vraiment pathétique, tous les éléments de cette scène qui reparaîtra si souvent dans la décoration de nos cathédrales. Cette sculpture romane, parfois émouvante & toujours admirablement décorative, reste incomplète, inachevée, pour ne s'être pas dégagée de l'architecture.

III. L'ART GOTHIQUE.

CIVILISATION COMMUNALE. — On appelle art gothique l'art chrétien, architecture ou sculpture, qui s'est développé en Europe depuis la fin du XIIᵉ siècle jusqu'au commencement de la Renaissance. En réalité, l'art gothique devrait s'appeler l'art français, car c'est en Ile-de-France que sont nées l'architecture & la sculpture qui le caractérisent. Tandis que l'art roman s'était développé dans presque toutes nos provinces, & particulièrement dans les régions qui avaient conservé le plus fortement l'empreinte de la civilisation romaine, l'art gothique est né en Ile-de-France, au cœur du royaume, & c'est de là qu'il s'est propagé jusqu'aux frontières du royaume & au delà, à travers la chrétienté tout entière. Au Moyen Âge, on appelait le style gothique *opus francigenum.*

Tandis que l'art roman était, avant tout, un art monastique, l'art gothique, tout en restant d'inspiration religieuse, est l'œuvre des laïques. Il est né au cœur des agglomérations communales qui se constituent sous la protection du roi. Le monument-type est la cathédrale, qui n'abrite pas seulement le culte, mais aussi les principales manifestations de la vie municipale. Tous contribuent à sa construction, les uns par leurs offrandes, les autres par des corvées volontaires.

LA CATHÉDRALE. — Le principal changement entre l'architecture romane & l'architecture gothique consiste en l'emploi d'une voûte nouvelle. Cette invention est la croisée d'ogive, d'où le nom d'art ogival donné parfois à l'art gothique. La croisée d'ogive & l'arc-boutant sont des organes souples qui permettent de varier, pour chaque édifice, les dimensions, hauteur & largeur des nefs & des bas côtés. L'architecte ne travaille pas seul à la cathédrale. Presque tous les corps de métiers viennent y collaborer. Il faut des verrières pour ses fenêtres, des peintures sur ses murs, des boiseries sculptées pour les stalles du chœur, des pentures forgées pour ses portes & surtout des sculptures. La sculpture gothique s'est prodigieusement développée parce qu'il fallait décorer la cathédrale ; l'architecture s'est transformée pour lui faire la place la plus grande ; les porches se sont faits plus profonds pour abriter un plus grand nombre de statues.

Dans le dernier quart du XII° siècle, la statuaire se dégagea définitivement du bas-relief : une extraordinaire population de pierre sort des murailles & des piliers ; ces statues restent décoratives, mais elles ont une existence indépendante, elles ne sont plus seulement des ornements de l'architecture.

IV. L'ART FÉODAL ET L'ART BOURGEOIS À LA FIN DU MOYEN ÂGE.

CIVILISATION FÉODALE. — Au XIIIe siècle, au meilleur temps de l'art gothique, l'activité artistique était exclusivement consacrée à construire & décorer la cathédrale. A mesure que s'avance le siècle, les artistes travaillent moins pour les nécessités de la religion & davantage pour satisfaire le luxe des grands seigneurs & le goût de la bourgeoisie cultivée. On voit donc les artistes, architectes, sculpteurs & peintres, se rassembler auprès des grands seigneurs & fonder, dans les villes riches, des écoles dont la tradition se maintient pendant plusieurs générations.

LES CHÂTEAUX FORTS. — C'est au XVe siècle que la civilisation féodale a trouvé son épanouissement artistique. Auparavant, le château n'était qu'une forteresse de murs assez épais pour défier les projectiles. Château-Gaillard, que Richard Cœur de Lion bâtit pour fermer la Seine au roi de France, a laissé des ruines imposantes ; celles de Coucy, que les Allemands ont fait sauter, comprenaient un donjon haut de 55 mètres & dont les murs avaient, à la base, 10 mètres d'épaisseur. Ces châteaux disparurent avec le régime féodal qu'ils abritaient, lorsque le roi de France fut assez fort pour les détruire.

VILLES FORTIFIÉES. — Les communes, après avoir fait reconnaître leur indépendance, durent la défendre. Les bourgeois entourèrent leur ville de remparts, mais ces remparts, comme les châteaux forts, succombèrent sous les canons du roi. Dans la France du Nord, rares sont les villes qui ont conservé un ensemble important, comme Boulogne, Dinan ou Provins. Les plus beaux restes que nous ayons conservés de ces défenses urbaines se trouvent dans la France méridionale, à Aigues-Mortes, à Carcassonne, à Avignon, où ils sont encore presque intacts.

MAISONS MÉDIÉVALES. — A l'abri de ses remparts, la bourgeoisie, aux XIVᵉ & XVᵉ siècles, se met à construire des demeures confortables & ingénieusement décorées. La plupart ont disparu, remplacées, au cours des âges, par des constructions plus jeunes. Cependant, quelques villes ont conservé des ensembles suffisants pour permettre de juger ce qu'était une ville du Moyen Âge.

SCULPTURE. — La sculpture gothique, au cours des XIVᵉ & XVᵉ siècles, devenue indépendante de l'architecture, devient de plus en plus réaliste. Ce réalisme devait naturellement conduire au portrait ; les imagiers qui sont au service des grands seigneurs sont chargés d'édifier des tombeaux sur lesquels repose l'image du mort. Les tombeaux les plus illustres qui nous soient restés du XVᵉ siècle sont ceux des ducs de Bourgogne, autrefois à la Chartreuse de Champmol, près de Dijon.

PEINTURE. — Au xIII^e siècle, l'éclat éblouissant des verrières de nos cathédrales donna au miniaturiste l'ambition de rivaliser avec elles par les procédés de l'enluminure. Le *Psautier de Saint Louis,* conservé à la Bibliothèque Nationale, semble avoir été exécuté par un artiste qui voulait reproduire sur le parchemin l'azur, l'or & la flamme des verrières de la Sainte-Chapelle. En feuilletant quelques manuscrits du xIV^e siècle, on voit comment les enlumineurs ajoutent peu à peu aux images conventionnelles les détails qui les rapprochent des aspects réels. Dès le commencement du xV^e siècle, le paysage fait son apparition dans les peintures de manuscrit. Dans les *Très Riches Heures du Duc de Berry* (Musée de Chantilly), nous pouvons reconnaître encore les principales demeures de la Maison de France, le Louvre, le palais de la Cité, Vincennes, Mehun-sur-Yèvre, &c. Ces petits tableaux peints à la gouache, par les frères de Limbourg, vers 1416, nous donnent une image extrêmement brillante de la France, au milieu de la guerre de Cent ans.

C'est dans ces miniatures qu'il faut aller chercher les origines de la peinture septentrionale. Les quelques peintres qui, à la fin du xIV^e siècle, couvraient leurs panneaux de bois de couleurs à la détrempe ne faisaient

guère qu'amplifier les petites compositions des minia-
turistes.

Le plus illustre d'entre eux, le Tourangeau Jean Fouquet
(1415-1485), est même un miniaturiste encore plus qu'un
peintre de panneaux. Son chef-d'œuvre est le livre des
Heures d'Estienne Chevallier, dont les miniatures se trouvent
au Musée Condé, à Chantilly. C'est dans ces fines images
qu'il faut aller reconnaître la France, au lendemain de la
guerre de Cent ans.

CHAPITRE I : LE MOYEN ÂGE.

Guide du Musée.

I. SCULPTURE : *a) MOULAGES.*

1. Chapiteau de Moissac. (*XIIe siècle.*)
2. Tailloir de Moissac. (*XIIe siècle.*).
3. Linteau de Moissac. (*XIIe siècle.*)
4. L'Annonciation de Chartres (*XIIe siècle.*)
5. La Visitation de Chartres. (*XIIe siècle.*)
6. Tympan de Chartres. (*XIIe siècle.*)
7. Beau Dieu d'Amiens. (*XIIIe siècle.*)
8. Ange de saint Nicaise. Reims (*XIIIe siècle.*)
9. Socle des drapiers de Reims. (*XIIIe siècle.*)
10. Buste du saint Joseph de Reims. (*XIIIe siècle.*)
11. Buste de sainte Anne de Reims. (*XIIIe siècle.*)
12. Saint Jacques de Beauvais. (*XVe siècle.*)
13. Tête de Christ de Beauvais. (*XVe siècle.*)
14. Buste de Philippe le Hardi. (*XVe siècle.*)
15. Sainte Fortunade de Beauvais. (*XVe siècle.*)
16. Marguerite de France de Beauvais. (*XVe siècle.*)
17. Figure du tombeau de Philippe Pot de Beauvais (*XVe siècle.*)
18. Chapiteau de sainte Geneviève de Beauvais. (*XVe siècle.*)

I. SCULPTURE : *b) Documents en portefeuille.*

PORTEFEUILLE A.

19. *Le Pont du Gard.*
20. *Nîmes.* – Les Arènes.
21. *Aigues-Mortes.* — Les Remparts.
22. *Avignon.* –Château des Papes.
23. *Arles.* — Saint Trophime.
24. *Arles.* — Cloître.
25. *Caen.* – Abbaye aux Dames.
26. *Chartres.* — Cathédrale, portail.
27. *Bayeux.* – Cathédrale.

PORTEFEUILLE I.

28. *Clermont-Ferrand.* — Église Notre-Dame du Port, chapiteau d'une colonne de la nef.
29. *Paris.* — L'Annonciation, la Vierge & l'Enfant, le baptême du Christ. (Louvre.)
30. *Paris.* — Faisceau de colonnettes avec figures engagées. École française, XIIᵉ siècle. (Louvre.)
31. *Paris.* — Christ crucifié, XIIᵉ siècle. (Louvre.)
32. *Arles.* — Cloître Saint-Trophime, chapiteaux reliés par un tailloir.
33. *Paris.* — L'Annonciation aux Bergers. École poitevine, XIIᵉ siècle. (Louvre.)
34. *Paris.* — Le roi Salomon. École française, XIIᵉ siècle. (Louvre.)
35. *Paris.* — La reine de Saba. École française, XIIᵉ siècle. (Louvre.)

36. *Chartres.* — Tympan de la façade occidentale de la cathédrale.
37. *Chartres.* — Porche du portail Sud de la cathédrale (détails).
38. *Chartres.* — Porche du portail Sud de la cathédrale (détails).
39. *Chartres.* — Pilastres du portail royal de la cathédrale.
40. *Chartres.* — Pilastres du portail royal de la cathédrale.
41. *Saint-Évroult de Montfort.* — L'église, cuve baptismale, XIIᵉ siècle.
42. *Paris.* — Saint-Michel terrassant le dragon. (Louvre.)
43. *Laon.* — Chapiteaux de colonnes du triforium de la cathédrale.
44. *Reims.* — La cathédrale, claveau de la voussure de la rose, façade septentrionale, XIIIᵉ siècle.
45. *Paris.* — Saint-Étienne. (Louvre.)
46. *Paris.* — Ange (Jeuniette) du XIIIᵉ siècle. (Louvre.)
47. *Paris.* — Saint Mathieu écrivant sous la dictée de l'ange, XIIIᵉ siècle. (Louvre.)
48. *Amiens.* — La cathédrale, le «Beau Dieu».
49. *Amiens.* — La cathédrale, la Vierge.
50. *Reims.* — Statues du grand portail de la cathédrale.
51. *Reims.* — Statues du grand portail de la cathédrale.

52. REIMS. — La cathédrale, bas-
relief du linteau de la porte
Saint-Sixte & figure de la façade méridionale.

53. REIMS. — Façade septentrionale
de la cathédrale, le bas-relief
dit «des drapiers».

54. REIMS. — Cathédrale, chapiteau
du triforium & chapiteau
d'un pilier de la chapelle de
la Vierge.

55. REIMS. — Façade occidentale de
la cathédrale, panneau d'or-
nementation.

56. PARIS. — Façade méridionale de
la cathédrale, tympan de la
porte Saint-Étienne.

57. PARIS. — Chapiteau du chœur
de la cathédrale.

58. PARIS. — Chimère de la cathédrale Notre-Dame.

59. PARIS. — Chimère de la cathédrale Notre-Dame.

60. PARIS. — Chimères de la cathédrale Notre-Dame.

61. PARIS. — Chimères de la cathédrale Notre-Dame.

62. STRASBOURG. — La cathédrale,
les Vierges sages.

63. STRASBOURG. — La cathédrale,
les Vierges folles.

64. STRASBOURG. — La cathédrale,
tympan de la porte principale.

65. LYON. — Ancienne cathédrale,
fragment d'une rose.

66. PARIS. — Charles V, roi de
France, xive siècle. (Louvre.)

67. PARIS. — La reine Jeanne de
Bourbon, femme de Char-
les V. (Louvre.)

PORTEFEUILLE 2.

68. MONT SAINT-MICHEL. — La «Merveille» de l'abbaye, frise du
cloître.

69. PARIS. — La Vierge du Musée
de Cluny, xive siècle.

70. PARIS. — La Vierge & l'Enfant,
pierre peinte du xive siècle.
(Louvre.)

71. TROYES. — Tour de droite de la
cathédrale, haut-relief du
xve siècle.

72. TROYES. — Fragment de la frise
de l'orgue de la cathédrale.

73. PARIS. — Concert d'anges, école
de Bourgogne du xve siècle.
(Louvre.)

74. PARIS. — Pleurant provenant du
tombeau de Philippe le Hardi.
(Musée de Cluny.)

75. PARIS. — Pleurant provenant du
tombeau de Philippe le Hardi.
(Musée de Cluny.)

76. PARIS. — Pleurant provenant du
tombeau de Philippe le Hardi.
(Cluny.)

77. PARIS. — Pleurant provenant du
tombeau de Philippe le Hardi.
(Cluny.)

78. DIJON. — Puits de Moïse.

79. DIJON. — Puits de Moïse.

80. PARIS. — Jeanne d'Arc, xve siècle. (Musée de Cluny.)

II. PEINTURE : *Documents en portefeuille.*

PORTEFEUILLE 3.

CHANTILLY. — *Livre d'heures du duc de Berry :*

81. Le festin.
82. L'hiver.
83. Les semailles.
84. Printemps.
85. Tonte des moutons.
86. La fenaison.
87. Seigneurs & dames.
88. Départ pour la chasse.
89. Les vendanges.
90. La chasse & le château de Vincennes.
91. L'enfant prodigue.
92. Le labourage.
93. Saint Jean à Pathmos.
94. L'annonciation.
95. Le Paradis terrestre.

ÉPINAL. — *Miniatures de l'histoire de la Toison d'Or :*

96. Persée dans le jardin des Hespérides.
97. Philippe le Bon & sa Cour.
98. PARIS. — Miniature du Grand Alexandre. (Petit Palais.)
99. PARIS. — Miniatures du Grand Alexandre. (Petit Palais.)
100. PARIS. — Miniatures du Grand Alexandre. (Petit Palais.)
101. PARIS. — Miniatures du Grand Alexandre. (Petit Palais.)
102. PARIS. — Miniatures du Grand Alexandre. (Petit Palais.)
103. PARIS. — Miniatures du Grand Alexandre. (Petit Palais.)
104. PARIS. — Heures de la Vierge.

Offrande du Livre.

105. **Jean Fouquet** : Saint Martin ; la Vierge & les saintes Femmes.
106. **Jean Fouquet** : Sainte Marguerite bergère.
107. **Jean Fouquet** : La Vierge & l'Enfant ; Heures d'E. Chevallier. (Chantilly.)
108. **Jean Fouquet** : Jésus devant Pilate. (Chantilly.)
109. **Jean Fouquet** : Mort de la Vierge, les funérailles. (Chantilly.)
110. **Jean Fouquet** : Job & ses amis ; saint Jean à Pathmos. (Chantilly.)
111. **Jean Fouquet** : Martyre de saint Pierre ; martyre de sainte Apolline. (Chantilly.)
112. **Jean Fouquet** : L'annonciation ; L'adoration des Bergers. (Chantilly.)
113. **Jean Fouquet** : Mariage de la Vierge ; naissance de saint Jean-Baptiste. (Chantilly.)
114. **Jean Fouquet** : Jésus couronnant sa mère ; l'ange annonçant à la Vierge sa mort prochaine. (Chantilly.)
115. **Jean Fouquet** : Martyre de saint Jacques ; martyre de sainte Catherine. (Chantilly.)
116. **Jean Fouquet** : La Visitation ; Étienne Chevalier & son patron. (Chantilly.)
117. **Jean Fouquet** : La Cène ; la Madeleine aux pieds du Christ. (Chantilly.)

118. **Jean Fouquet** : Portement de croix; arrestation de Jésus. (Chantilly.)
119. **Jean Fouquet** : Crucifiement; mise au tombeau. (Chantilly.)
120. **Jean Fouquet** : Pieta; funérailles. (Chantilly.)
121. **Jean Fouquet** : Ascension; la Pentecôte. (Chantilly.)
122. **Jean Fouquet** : Saint Paul sur le chemin de Damas; martyre de saint Étienne. (Chantilly.)
123. **Jean Fouquet** : Martyre de saint André; saint Hilaire présidant un concile. (Chantilly.)

PORTEFEUILLE 4.

124. **Jean d'Orléans** : Parement de Narbonne, milieu.
125. **Jean d'Orléans** : Parement de Narbonne, côté droit.
126. **Jean d'Orléans** : Parement de Narbonne, côté gauche.
127. **Malouel** : Martyre d'un évêque. (Louvre.)
128. **Malouel** : La Vierge & l'Enfant.
129. **École du Midi** (vers 1395) : Mort de la Vierge.
130. **École de l'Auvergne** : La Vierge protectrice du Puy.
131. **Charonton** : Triomphe de la Vierge. (Villeneuve.)
132. **École de Provence** : Sainte Catherine & un évêque. (Avignon.)
133. **École de Provence** : Rencontre de sainte Anne & de saint Joachim. (Carpentras.)
134. **École de Provence** : Extase du bienheureux Pierre de Luxembourg. (Avignon)

135. **École de Provence** : La fontaine de Vie. (Avignon.)
136. **École de Paris** : Descente de croix. (Louvre.)
137. **Maître de Flemalle** : Vierge glorieuse. (Aix.)
138. **École de Bourgogne** : L'annonciation. (Aix.)
139. **École de Bourgogne** : Mort de la Vierge. (Lyon.)
140. Plafond du palais de Jacques Cœur. (Bourges.)
141. **Froment** : Le buisson ardent. (Aix.)
142. **Froment** : Saint Michel. (Avignon.)
143. **Froment** : Saint Siffrein. (Avignon.)
144. **Froment** : Un évêque. (Avignon.)
145. **Froment** : René d'Anjou & Jeanne de Laval. (Louvre.)
146. **Inconnu** : Pieta d'Avignon. (Louvre.)
147. **Froment** : Annonciation. (Avignon.)
148. **Fouquet** : Son portrait, dessin.
149. **Fouquet** : Tête de Christ.
150. **Fouquet** : Charles VII. (Louvre.)
151. **Inconnu** : L'homme au verre de vin. (Louvre.)
152. **Fouquet** : Seigneur à la flèche. (Vienne.)
153. **Fouquet** : Juvénal des Ursins. (Louvre.)
154. **Fouquet** : Le calvaire. (Loches.)
155. **Fouquet** : La Vierge & l'Enfant (Agnès Sorel). (Anvers.)
156. **École de Provence** (1480) : Pieta.
157. **École française** : Le grand Bâtard de Bourgogne. (Chantilly.)

158. **École de Paris** (1480) : Le calvaire du palais de Justice.
(Louvre.)

159. **École de Paris** (1480) : Saint
Georges & le dragon.

160. **École de Picardie** : La Vierge
& l'Enfant.

161. Funérailles d'Anne de Bretagne,
miniature.

162. Nativité, miniature.

163. Scène de pèlerinage, miniature.

164. **Bourdichon** : Sainte Catherine,
miniature.

PORTEFEUILLE 5.

165. **Maître de Moulins** : Pierre de
Bourbon & saint Pierre.

166. **Maître de Moulins** : Saint Jean
& Anne de Beaujeu.

167. **Maître de Moulins** : La Vierge
& l'Enfant, Pierre de Bour-
bon & Anne de Beaujeu.

168. **Maître de Moulins** : Vierge glorieuse.

169. **Maître de Moulins** : La Vierge
& l'Enfant.

170. **École française** (vers 1490) : La
Véronique.

171. **École d'Amiens** (vers 1500) :
Sainte Famille.

III. ARCHITECTURE : *a*) REPRODUCTIONS ENCADRÉES.

172. Les alignements de Carnac.

173. La maison carrée de Nîmes.

174. *VEZELAY*. — Tympan de la Madeleine.

175. *CAEN*. — L'abbaye aux hommes.

176. *ANGOULÊME*. - Cathédrale.

177. *CHARTRES*. — Cathédrale.

178. *REIMS*. — Cathédrale.

179. *STRASBOURG*. — Cathédrale.

180. *AMIENS*. - Façade.

181. *AMIENS*. — Nef.

182. *PARIS*. — Nef.

183. *MONT-SAINT-MICHEL*. - Cloître.

184. *MONT-SAINT-MICHEL*. Salle des Chevaliers.

185. *CARCASSONNE*. — Les remparts.

III. ARCHITECTURE : *b)* Documents en portefeuille.

PORTEFEUILLE 6.

186. *Locmariaquer.* — Le grand menhir brisé.
187. *Locmariaquer.* — La table des marchands.
188. *Locmariaquer.* — Intérieur de la table des marchands.
189. *Carnac.* — Intérieur du dolmen de Kerioned.
190. *Carnac.* — Le dolmen de Crucono.
191. *Erdeven.* — Les menhirs d'Erdeven.
192. *Autun.* — Le temple de Janus.
193. *Arles.* — Vue extérieure des Arènes.
194. *Arles.* — Vue générale prise des Arènes.
195. *Arles.* — Galerie des Arènes.
196. *Orange.* — La façade du théâtre romain.
197. *Orange.* — Le théâtre romain, vue à vol d'oiseau.
198. *Autun.* — La porte d'Arroux.
199. *Orange.* — L'arc de Marius.
200. *Autun.* — Porte Saint-André.
201. *Reims.* — La porte de Mars.
202. *Saintes.* — L'arc de triomphe de Germanicus.
203. *Bordeaux.* — Ruines du palais Gallien (IIIe siècle).
204. *Saint-Rémy.* — L'arc de triomphe & le Mausolée.
205. *Saint-Rémy.* — Le mausolée.
206. *Vienne.* — Le temple d'Auguste & de Livie.
207. *Poitiers.* — Le temple Saint-Jean.
208. *Poitiers.* — Intérieur du temple Saint-Jean.
209. *Arles.* — Tombeau de la multiplication des pains.
210. *Les Saintes-Maries.* — Abside de l'église.
211. *Carcassonne.* — Vue de la Cité prise au couchant.
212. *Carcassonne.* — Vue intérieure des remparts.
213. *Coucy.* — Vue du château prise au couchant.
214. *Coucy.* — Le donjon du château.
215. *Falaise.* — Le château, vue prise au mont Myra.
216. *Loches.* — Le donjon & la tour Louis XI, côté Nord.
217. *Haut-Kœnigsbourg.* — Ruines du château fort.
218. *Les Andelys.* — Vue sur le château Gaillard.
219. *Angers.* — La statue du roi René & le château.
220. *Avignon.* — Entrée du château des Papes.
221. *Mont Saint-Michel.* — Côté du Sud, vue prise de la digue.
222. *Mont Saint-Michel.* — Les remparts. (XIIIe siècle.)
223. *Mont Saint-Michel.* — L'entrée à mer haute.
224. *Vitré.* — Vue générale prise des Tertres Noirs.
225. *Montreuil-Bellay.* — La porte Saint-Jean.
226. *Perpignan.* — Le Castillet.

PORTEFEUILLE 7.

227. *Josselin.* — Le château, façade sur l'Ouest.
228. *Laon.* — La porte d'Ardon.

229. *BORDEAUX.* — Porte de la Grosse Cloche.
230. *NANCY.* — La porte de la Graffe.
231. *DIJON.* — Palais des Ducs de Bourgogne, la tour des États.
232. *PIERREFONDS.* — Le château, vue prise du lac.
233. *PIERREFONDS.* — Le château, cour d'honneur, le beffroi.
234. *BERGUES.* — Le beffroi.
235. *AVIGNON.* — Le pont Saint-Benezet.

PORTEFEUILLE 8.

236. *LES SAINTES-MARIES.* — L'église.
237. *OTTMARSHEIM.* — L'église. (IIᵉ siècle.)
238. *LYON.* — Église d'Ainay.
239. *POITIERS.* — Église Notre-Dame la Grande.
240. *SAINT-GILLES.* — L'église.
241. *ALBI.* — La cathédrale, côté Sud.
242. *ALBI.* — La cathédrale Sainte-Cécile.
243. *MURBACH.* — L'abbaye. (VIIᵉ siècle.)
244. *PÉRIGUEUX.* — La cathédrale Saint-Front.
245. *PÉRIGUEUX.* — La place de la Clautre & la cathédrale.
246. *ISSOIRE.* — Église Saint-Paul.
247. *ISSOIRE.* — Église Saint-Paul, l'abside.
248. *CLERMONT-FERRAND.* — Abside de Notre-Dame du Port.
249. *SAINT-SATURNIN.* — L'abside de l'église.
250. *ROYAT.* — L'église.
251. *PÉRIGUEUX.* — L'église Saint-Etienne de la Cité.
252. *LE PUY.* — Basilique de Notre-Dame, la façade.

253. *BORDEAUX.* — Église Sainte-Croix. (XIᵉ siècle.)
254. *LAON.* — Ancienne chapelle des Templiers.
255. *MARMOUTIER.* — Façade de l'église.
256. *SÉLESTAT.* — Église Sainte-Foy. (XIIᵉ & XIIIᵉ siècles.)
257. *TOULOUSE.* — Église Saint-Sernin.
258. *TOULOUSE.* — Abside de l'église Saint-Sernin.
259. *CAEN.* — L'Abbaye aux hommes & le lycée.
260. *REIMS.* — Église Saint-Rémy.
261. *NOYON.* — La cathédrale.
262. *NOYON.* — L'abside de la cathédrale.
263. *VÉZELAY.* — L'église de la Madeleine, abside.
264. *VÉZELAY.* — Façade de l'église de la Madeleine.
265. *SAINT-PÈRE-SOUS-VÉZELAY.* — Porche de l'église.
266. *AUXERRE.* — L'église Saint-Germain.
267. *TOULOUSE.* — La cathédrale. Église Saint-Etienne.
268. *ANGERS.* — La cathédrale. Église Saint-Maurice.
269. *SAINTES.* — L'église Saint-Eutrope.
270. *BORDEAUX.* — Église Saint-André, portail méridional.
271. *LAON.* — La cathédrale.
272. *AVALLON.* — Église Saint-Lazare, le portail.
273. *CLERMONT-FERRAND.* — Église Notre-Dame du Port, petit portail.
274. *SAINT-GILLES DU GARD.* — L'église, détails du portail.
275. *TARASCON.* — Portail de l'église Sainte-Marthe.

CHAPITRE II : L'ART CLASSIQUE.

Histoire de l'Art français.

I. LA RENAISSANCE.

On appelle Renaissance la période artistique qui correspond au retour de l'art antique, à la fin de la période gothique. Si on lui donne cette signification, ce terme désigne une période qui commence à peu près avec le XVIe siècle, c'est-à-dire avec les guerres d'Italie.

Nous appellerons désormais art classique cette forme nouvelle de l'art français. En architecture, l'art classique substitue à la décoration gothique l'emploi des ordres antiques, colonnes ou pilastres, chapiteaux, entablements & frontons. Dans l'architecture religieuse, la voûte en croisée d'ogive disparaît pour faire place à la voûte latine. En sculpture, le réalisme gothique, la statuaire aux longues robes & aux plis redondants est remplacée par les figures héroïques de type gréco-romain, leur beauté idéale, leur nudité ou leurs souples draperies. En peinture, comme l'antiquité n'avait pas laissé de modèles, ce sont les modèles italiens du XVIe siècle, & spécialement des écoles florentines & romaines, qui transformèrent l'art appliqué & probe, mais sans largeur & sans ampleur décorative, des maîtres gothiques.

Les châteaux de la Renaissance. — C'est dans l'architecture des châteaux que la France du xvᵉ siècle s'est le mieux manifestée. Au sortir du Moyen Âge, dans le royaume apaisé de Charles VIII & de Louis XII, les châteaux forts parurent des demeures bien moroses; il sembla, dès lors, que, pendant la paix, l'architecture aussi pouvait désarmer. Dans les murs pleins d'autrefois, on ouvrit de larges fenêtres, du haut desquelles les seigneurs aimaient à contempler un jardin, un parc & les larges plaines de la Loire & du Cher. Les uns bâtirent des châteaux neufs, les autres aménagèrent leurs vieux manoirs au goût du jour. A un donjon gothique ou roman, ils adossèrent un logis moderne. De cette nécessité de conserver des restes majestueux & imposants surgirent des combinaisons imprévues. Les innombrables châteaux qui s'élevèrent, durant tout ce siècle, sont d'une extraordinaire variété & ne peuvent pas se ramener à un type unique, comme le palais florentin ou vénitien.

Les rois de France, & en particulier François Iᵉʳ, donnèrent l'exemple de la transformation des vieux châteaux en demeures riantes ou confortables. Amboise, Blois, Chambord, Madrid, Saint-Germain, Villers-Cotterets, Fontainebleau, le Louvre, furent bâtis par les rois.

D'autres, comme Chaumont, Ussé, Langeais, Chenonceaux, construits par de grands seigneurs, furent parfois cédés au roi. Trois hommes, au milieu du xvie siècle, représentent le plus brillamment notre architecture : Pierre Lescot, Jean Bullant & Philibert Delorme.

Sculpture. — La sculpture a suivi la même évolution que l'architecture, & l'art italien, en pénétrant en France, a rencontré des sculpteurs qui exécutaient des tombeaux ou taillaient dans la pierre des figures de saints. Le nom de l'artiste qui domine l'école française au commencement du xvie siècle, avant le triomphe du style italien, est celui de Michel Colombe, représenté au Louvre par un Saint Georges tuant un dragon. Les premiers sculpteurs de style classique venaient d'Italie ; le tombeau de Louis XII a été exécuté par une famille d'artistes d'outre-monts. Mais bientôt les artistes français purent rivaliser avec ceux d'Italie : le monument de François Ier est dû à Bontemps & celui de Henri II à Germain Pilon, qui est, avec Jean Goujon, le plus illustre sculpteur de la Renaissance.

Peinture. — Lorsque nos rois revinrent d'Italie, ils voulurent ramener avec eux, non pas seulement les plus belles des œuvres qu'ils avaient admirées, mais aussi les artistes qui étaient capables d'enseigner cet art & de le pratiquer. François Ier avait appelé Vinci, mais celui-ci était fort âgé & mourut peu après son arrivée en France. Puis ce fut le tour d'André del Sarto, qui ne put pas rester ; enfin, Rosso, un Florentin, & le Primatice, un élève de Corrège, se fixèrent à Fontainebleau où ils dirigèrent les décorations du château royal & fondèrent une école qui subsistera jusqu'au premier tiers du xviie siècle. Ce que ces artistes nous enseignaient, c'était une décoration nouvelle qui se caractérise avant tout par le culte de la beauté physique & un étalage audacieux des nudités.

A côté de cette grande décoration ambitieuse se maintenait la tradition plus modeste de la peinture de portraits. Nous connaissons bien des personnages illustres de la France de ce temps par les innombrables effigies peintes ou dessinées qu'ils nous ont laissées. Les plus illustres peintres de portraits sont les Clouet (Jean, le père, & son fils François, dit Jannet) & Corneille de Lyon, ainsi nommé parce qu'il habita longtemps cette ville.

II. L'ART FRANÇAIS SOUS HENRI IV

ET SOUS LOUIS XIII.

Pendant les troubles qui agitèrent la France au temps des guerres religieuses, il y eut un arrêt dans la vie artistique. Les artistes qui, depuis la Renaissance, s'étaient groupés autour du roi souffrirent de la détresse de la monarchie. Lorsque enfin, avec Henri IV, la paix commença de se rétablir, il y eut immédiatement un renouveau d'activité artistique. Henri IV, puis Louis XIII, firent continuer le Louvre suivant le plan conçu par Pierre Lescot. La noblesse & la bourgeoisie, à l'exemple de la monarchie, voulurent habiter des maisons neuves. Pour retrouver la physionomie de ce temps, il faut parcourir, à Paris, le quartier du Marais & l'île Saint-Louis.

La fin des guerres de religion vit naître une grande activité religieuse. Une partie du terrain perdu par le catholicisme fut regagné par les ordres religieux. Ce renouveau trouva sa manifestation dans tous les arts : architecture, peinture & sculpture.

Au XVIIᵉ siècle, sous l'impulsion de l'ordre des Jésuites, on construisit un très grand nombre d'églises qui introduisirent chez nous l'architecture italienne & nous firent oublier notre style français gothique. Si l'on compare les églises gothiques à ces églises dites «jésuites», on est d'abord tenté de penser que cette architecture n'est pas d'inspiration religieuse. En réalité, elle correspond parfaitement au catholicisme assez peu mystique, mais raisonneur, des temps postérieurs à la Réforme.

L'architecture entraîne avec elle la sculpture. L'art des tombeaux n'a point été interrompu. Nos rois ne se contentent plus de leur effigie funéraire sur leurs tombes de Saint-Denis ; à la manière des princes italiens, ils se font exécuter des statues destinées à glorifier leur personne & leur autorité monarchique.

Après les décorateurs de l'école de Fontainebleau, le maître le plus influent de chez nous fut Simon Vouet, qui tire toute son importance de ce que son atelier a groupé les maîtres de l'école française classique : Le Sueur, Le Brun, Mignard.

Les trois frères Le Nain n'ont participé à aucune des ambitions décoratives des peintres de leur temps, ils se sont contentés d'être les copistes fidèles de leurs contemporains. Leur grand succès, aujourd'hui, vient de ce qu'ils ont été les portraitistes de la vie paysanne. Le *Forgeron* du Louvre est, dans sa simplicité, une des œuvres les plus émues de notre école.

Par l'influence extraordinaire qu'il a exercée sur ses contemporains & sur l'art postérieur, Nicolas Poussin peut être considéré comme le chef de l'école classique française. C'est lui qui a le mieux résumé dans son œuvre tout ce que l'art français cherchait, à cette époque, à emprunter aux Italiens & à l'antiquité : les formes idéales, la poésie historique. De plus, il a mis en peinture les qualités de logique & de raison que nos écrivains faisaient alors admirer dans leurs tragédies & leurs traités de morale ; on a eu raison de rapprocher son œuvre de celle d'un Corneille ou d'un Racine. Comme eux, il a mis des histoires antiques sous une forme achevée & fait vivre des personnages dont les attitudes dénotent une psychologie aussi clairement analysée que celle des héros de notre tragédie classique. Il a vécu & travaillé à Rome.

Claude Gellée, dit le Lorrain, a aussi passé la plus grande partie de son existence en Italie. L'effet qu'il cherche surtout est un effet de lumière &, plus spécialement, il a été charmé par la douceur & l'éclat des soleils couchants. Il réussit à nous donner l'illusion de l'éblouissement.

III. L'ART SOUS LOUIS XIV.

Le règne personnel de Louis XIV correspond à un moment où la France est toute-puissante en Europe.

Depuis 1670, jusqu'à 1683, on peut dire que l'activité artistique de la France fut entièrement consacrée à l'œuvre de Versailles. Tous les artistes vinrent y collaborer ; les architectes furent Le Vau, Mansart, Robert de Cotte ; le chef des peintres & sculpteurs fut Charles Le Brun, premier peintre du roi, génie facile & abondant. Il ne reste de tout ce décor que les peintures du plafond, dues à Le Brun & à son école ; on y voit le roi, en costume héroïque, entouré de ses généraux & de divinités ou d'allégories. L'histoire du règne peut ainsi se reconnaître, sous l'emphase du style. Cette épopée du roi, que Boileau se déclarait incapable d'écrire, a été retracée par Le Brun & son école. Aujourd'hui, la partie de la demeure royale qui nous intéresse le plus est le parc, œuvre de Le Nôtre.

IV. L'ART DU XVIIIᵉ SIÈCLE.

1° LA RÉGENCE.

On appelle Régence la période historique qui va de la mort de Louis XIV (1715) au gouvernement personnel de Louis XV. Dans l'histoire de France, les temps de régence ont toujours vu des réactions plus ou moins violentes contre l'autorité royale. Durant la Régence du XVIIIᵉ siècle, ce ne fut pas contre le pouvoir monarchique, trop fortement établi, que l'on vit renaître des tentatives d'indépendance politique ; mais dans les mœurs, il y eut une transformation qui ne s'explique que par une réaction contre l'autorité pesante de la monarchie absolue.

Architecture. — A partir de cette date est fondée ce qu'on pourrait appeler l'école parisienne, qui résume & concentre l'activité artistique française tout entière. Un contemporain disait que l'on cherchait avant tout, en architecture comme en morale, la commodité. La transformation du mobilier montre l'habileté avec laquelle on sut satisfaire le goût public & les exigences du confortable.

Peinture. — La sculpture a suivi l'architecture dans cette recherche de l'élégance. Mais c'est surtout par la peinture que s'est manifestée l'âme de la Régence. Les peintres participent à la décoration des appartements, & le style pompeux & un peu lourd du temps de Le Brun doit s'éclaircir, s'alléger à la mode nouvelle. Le plus peintre & le plus poète de ces artistes, le plus représentatif aussi de la société fringante de la Régence est certainement Antoine Watteau. Les personnages sont empruntés au théâtre, d'où ils rapportent leur allure spirituelle. Leur occupation consiste exclusivement à s'entretenir galamment dans de beaux parcs éclairés par la lumière dorée du soir, & leurs attitudes mettent sous nos yeux la mimique amusante de la coquetterie & de l'amour spirituel. Les contemporains appelaient ces petites scènes des fêtes galantes. La plus illustre est l'*Embarquement pour Cythère* (Musée du Louvre).

2° L'ART SOUS LOUIS XV.

Le public parisien, au cours du XVIIIe siècle, s'intéresse de plus en plus au travail des peintres & des sculpteurs &, après 1737, les Salons, qui s'ouvrent régulièrement tous les deux ans, convient un monde de plus en plus nombreux à visiter des tableaux & des statues. L'éducation du public se fait ainsi, & ce ne sont plus seulement les Mécènes qui sont en relations avec les artistes ; ceux-ci vivent dans une société qui s'intéresse à eux, qui les applaudit ou les critique ; aussi l'art exprime-t-il bien les manières de ce public à qui il s'adresse.

Le peintre le plus représentatif de l'école française, au milieu du xviiie siècle, est Boucher. Il a traité franchement la mythologie comme un simple thème décoratif. La peinture d'histoire devient, chez lui, de la décoration galante. Parmi les artistes, une mention particulière est due à ceux qui ont représenté la vie de leur temps, & tout d'abord aux portraitistes. Ils étaient fort nombreux, dans les Salons de l'époque. Celui qui nous paraît aujourd'hui avoir le mieux analysé les figures de son temps est le pastelliste Maurice Quentin de La Tour. Il peint au pastel, ce qui permet une exécution vive, légère ; le trait reste visible, les coups de crayon détaillent les traits du visage ; les muscles sont prêts à se tendre pour sourire ou parler. L'ardeur du regard, la mobilité de la bouche rendent visible une pensée éveillée, sur le point de se manifester en paroles. C'est bien le monde des salons littéraires & aristocratiques du xviiie siècle.

Chardin a dépassé les Hollandais, dont il a su représenter avec charme & sympathie les petites choses du ménage. Ses tableaux nous plaisent par la bonhomie de l'inspiration & aussi par une merveilleuse habileté technique, — non que Chardin fasse preuve de virtuosité, son métier est d'une probité impeccable ; ses personnages ne sont guère plus agités ou bruyants que les accessoires de ses natures mortes, ils appartiennent, eux aussi, à l'intimité de la maison.

La sculpture suit de moins près les caprices de la mode. Malgré cette lenteur à évoluer, elle n'en a pas moins subi un peu la contagion de la peinture & accepté les draperies agitées & les formes nerveuses mises à la mode par les peintres. Les plus grands noms de la statuaire, sous LOUIS XV, sont ceux de Lemoyne, qui a laissé de très beaux bustes, de Bouchardon, Pigalle & Falconet.

3° L'ART SOUS LOUIS XVI.

La seconde moitié du xviii° siècle a vu se produire une transformation dans l'atmosphère générale de la littérature & de l'art, une sorte de réaction contre l'abus de l'intelligence & de l'esprit. On dirait que le monde, après avoir abusé de son cerveau, a senti le besoin de revenir à la vie du cœur. En littérature, ce retour de sensibilité se manifeste par le succès de la comédie larmoyante & du romantisme sentimental. Cette disposition générale du public cultivé apparaît aussi dans la peinture ; elle explique le succès bruyant obtenu par Greuze, qui sut apitoyer ses contemporains en leur mettant sous les yeux des scènes de mélodrame.

Fragonard a, comme Greuze, versé parfois dans le genre attendrissant, mais c'est un peintre admirablement doué d'une fougue, d'une verve qui donnent une vivacité spirituelle aux compositions les plus simples.

La vie un peu factice de salon avait aussi provoqué une réaction du goût public vers la simplicité de la vie rustique, ou tout au moins le goût de la nature. De même que Marie-Antoinette jouait à la bergère dans le parc du Petit Trianon, le public parisien montrait de plus en plus de goût pour les choses de la campagne & les sites naturels.

Chez les sculpteurs du temps de Louis XVI, la statuaire du xviiie siècle se montre plus que jamais vibrante de nerf, d'esprit & de sensibilité. Pajou & Clodion ont modelé en terre cuite, ou sculpté dans le marbre des figures où l'on retrouve autant de verve & de volupté que dans les plus brillantes esquisses de Fragonard. Mais le plus beau sculpteur de cette époque est Houdon, chez lequel on retrouve toutes les qualités du xviiie siècle, avec une profondeur d'expression, une intensité de vie particulière, lorsqu'il représente le visage humain.

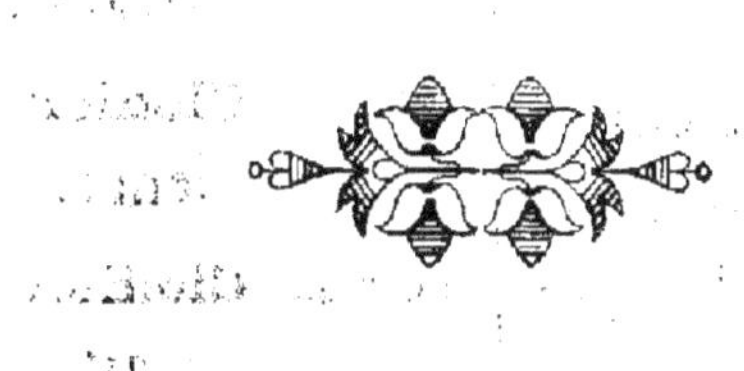

CHAPITRE II : L'ART CLASSIQUE.
Guide du Musée.

I. SCULPTURE : *a) MOULAGES.*

1001. Vierge d'Écouen. (*XVIe siècle.*)

1002. **Michel Colombe** : Saint Georges & le Dragon. (*XVIe siècle.*)

1003. **Guillaume Coustou** : Marie Leczinska.

1004. **J.-B. Lemoyne** : Louis XV.

1005. **J.-B. Lemoyne** : Gabriel.

1006. **Falconet** : Baigneuse.

1007. **Bouchardon** : Les Saisons.

1008. **Pigalle** : Maréchal de Saxe.

1009. **Pigalle** : Mercure.

1010. **Houdon** : Molière.

1011. **Houdon** : Abbé Aubert.

1012. **Houdon** : Washington.

1013. **Houdon** : Franklin.

1014. **Houdon** : Lavoisier.

1015. **Houdon** : Napoléon.

1016. **Houdon** : Buffon.

1017. **Houdon** : Diane.

1018. Buste d'inconnue. (*Nevers.*)

1019. **Caffieri** : Pierre Corneille.

1020. **Caffieri** : Quinault.

1021. **Caffieri** : Pingré.

1022. **Clodion** : Les Quatre Saisons.

1023. **Clodion** : La Prudence.

1024. **Clodion** : La Bacchante.

I. SCULPTURE : *b*) Documents en portefeuille.

Portefeuille A. (*Suite*).

1025. **Jean Cousin:** Tombeau de Louis de Brézé. (Rouen.)
1026. **École de Bourgogne** (xv⁰ siècle): Tombeau de Philippe Pot. (Louvre.)
1027. **Jean Goujon :** Nymphes de la Seine. (Louvre.)
1028. **Jean Goujon :** Diane au Cerf. (Louvre.)
1029. **Germain Pilon :** Les Trois Grâces. (Louvre.)
1030. **Pierre Puget :** Milon de Crotone. (Louvre.)
1031. **Coysevox :** Marie-Adélaïde de Savoie. (Louvre.)
1032. **Houdon :** Diane. (Louvre.)
1033. **Pigalle :** Tombeau du Maréchal de Saxe. (Strasbourg.)

Portefeuille 2. (*Suite.*)

1034. *Paris.* — Calvaire de Nivelles, école flamande, xvi⁰ siècle. (Louvre.)
1035. *Paris.* — La Vierge & sainte Anne. (Louvre.)
1036. *Paris.* — La Vierge au Calvaire, xvi⁰ siècle. (Cluny.)
1037. *Troyes.* — La Visitation de l'église Saint-Jean.
1038. *Paris.* — **G. Pilon :** Monument du cœur de François I⁰. (Louvre.)
1039. *Paris.* — **J. Goujon :** Diane au cerf. (Louvre.)
1040. *Paris.* — **J. Goujon :** Nymphe de la Seine. (Louvre.)
1041. *Saint-Mihiel.* — Église Saint-Étienne ; **Ligier Richier :** Mise au tombeau, xvi⁰ siècle.

1042. *Solesme.* — Église abbatiale. L'ensevelissement du Christ, fin du xv⁰ siècle.
1043. *Paris.* — Le Sommeil, xvi⁰ siècle. (Cluny.)
1044. *Paris.* — **Michel Colombe :** Saint-Georges. (Louvre.)
1045. *Chambord.* — Château, cul-de-lampe.
1046. *Paris.* — Henri IV, école française. (Louvre.)
1047. **Francheville :** Esclave du Pont-Neuf.
1048. **Warin :** Louis XIII.
1049. **Simon Guillain :** Louis XIII. (Louvre.)
1050. **Simon Guillain :** Anne d'Autriche. (Louvre.)
1051. **Simon Guillain :** Louis XIV. (Louvre.)
1052. **Prieur :** Tombeau de Montmorency.
1053. **Anguier :** Monument funéraire des ducs de Longueville.
1054. **F. Anguier :** Statue décorant le tombeau de Henri II. (Chapelle du lycée de Moulins.)
1055. **Prieur :** Marie de Barbançon. (Louvre.)
1056. **Puget :** Alexandre & Diogène. (Louvre.)
1057. **Puget :** Persée délivrant Andromède. (Louvre.)
1058. **Puget :** Cariatide de l'Hôtel de Ville de Toulon.
1059. **Puget :** Cariatide de l'Hôtel de Ville de Toulon.
1060. **Anguier :** Amphitrite.
1061. **Roussel :** Génie de l'histoire.

PORTEFEUILLE 9.

1062. **Girardon** : La toilette d'Apollon. (Parc de Versailles.)
1063. **Girardon** : Boileau Despréaux.
1064. **Girardon** : Nymphes au bain. (Parc de Versailles.)
1065. **Benoist** : Louis XIV à 68 ans, cire. (Versailles.)
1066. **Desjardins** : Buste de Mignard.
1067. **Coysevox** : Tombeau de Mazarin. (Louvre.)
1068. **Coysevox** : Condé. (Louvre.)
1069. **Coysevox** : Berger jouant de la flûte. (Louvre.)
1070. **Coysevox** : Buste de l'architecte Gabriel. (Musée J. André, Paris.)
1071. **Coysevox** : Nymphe à la coquille.
1072. **Adam** : Prométhée. (Louvre.)
1073. **Bouchardon** : Fontaine de la rue de Grenelle. (Paris.)
1074. **Bouchardon** : Motif de la fontaine de la rue de Grenelle. (Paris.)
1075. **Bouchardon** : Bas-relief de la fontaine de la rue de Grenelle. (Paris.)
1076. **Bouchardon** : L'Amour (Louvre).
1077. **Coustou** : Marie Leczinska. (Louvre.)
1078. **Coustou** : Tombeau du dauphin, fils de Louis XV. (Cathédrale de Sens.)
1079. **Coustou** : Buste de l'artiste.
1080. **Michel Ange Slodtz** : Buste de Wleughels. (Musée J. André, Paris.)
1081. **J.-B. Lemoyne** : Le chancelier Maupeou. (Musée J. André, Paris.)
1082. **J.-B. Lemoyne** : Le marquis de Marigny. (Musée J. André, Paris.)
1083. **Blasset** : L'ange pleureur de la cathédrale d'Amiens.
1084. **Clodion** : Satyre femelle. (Musée de Cluny, Paris.)
1085. **Clodion** : Satyre mâle. (Musée de Cluny, Paris.)
1086. **Clodion** : Bacchante. (Petit Palais, Paris.)
1087. **Pajou** : Madame du Barry.
1088. **Pajou** : Psyché.
1089. **École française** (xviiiᵉ siècle) : Bas-relief du maître-autel de la cathédrale. (Sées.)
1090. **Falconet** : Milon de Crotone. (Louvre.)
1091. **Falconet** : Les Trois Grâces, motif de pendule en marbre.
1092. **Falconet** : Baigneuse. (Louvre.)
1093. **Falconet** : Monument à la gloire de Catherine II.
1094. **Caffieri** : Buste de Piron. (Dijon.)
1095. **Caffieri** : Monument à l'amitié.
1096. **Julien** : Amalthée. (Louvre.)
1097. **Pigalle** : Buste de Ferrein.
1098. **Pigalle** : Enfant à la cage.
1099. **Pigalle** : Petite fille aux tourterelles.

PORTEFEUILLE 10.

1100. **Houdon** : L'Été.
1101. **Houdon** : L'Hiver ou la frileuse.
1102. **Houdon** : Sabine Houdon.
1103. **Houdon** : Diderot. (Louvre.)
1104. **Houdon** : Louise Brongniart. (Louvre.)
1105. **Houdon** : Napoléon Iᵉʳ. (Musée de Dijon.)
1106. **Houdon** : Diane.
1107. **Houdon** : Buste de Caumartin, prévot des marchands.

1108. **Chinard :** Buste de femme. (Louvre.)

PORTEFEUILLE II.

1109. Tombeau de Philippe Pot. (Louvre.)
1110. Tombeau de Dagobert. (Saint-Denis.)
1111. Tombeau de Philippe le Hardi. (Dijon.)
1112. Tombeau de Jean-sans-Peur. (Dijon.)
1113. Tombeau des cardinaux d'Amboise. (Rouen.)
1114. Tombeau des enfants de Charles VIII. (Tours.)
1115. Tombeau de François II de Bretagne. (Nantes.)
1116. Tombeau de Louis XII. (Saint-Denis.)
1117. Tombeau de Roberte Legendre. (Louvre.)
1118. Tombeau de François Ier. (Saint-Denis.)
1119. Mausolée de Philibert le Beau. (Brou.)
1120. Mausolée de Philibert le Beau, détail. (Brou.)
1121. Mausolée de Marguerite d'Autriche. (Brou.)
1122. Mausolée de Marguerite de Bourbon, détail. (Brou.)
1123. Tombeau de Chabot. (Louvre.)
1124. Tombeau de Birague. (Louvre.)
1125. Tombeau de Henri II. (Saint-Denis.)
1126. Tombeau de Philippe de Gueldre (Nancy.)
1127. Tombeau de Montmorency. (Moulins.)
1128. Tombeau de Richelieu. (Sorbonne.)

1129. Tombeau de Napoléon Ier. (Invalides.)
1130. Tombeau de Lamoricière. (Nantes.)
1131. Vitrail de Saint-Denis.
1132. Vitrail de Saint-Séverin : saint Michel, saint Jean. (xve siècle.)
1133. Vitrail de Saint-Séverin : la Vierge, Christ bénissant. (xve siècle.)
1134. Vitrail de Saint-Séverin : saint Jean l'Évangéliste, un saint. (xve siècle.)
1135. Vitrail de Saint-Séverin : sainte Catherine, la Trinité, saint Christophe. (xve siècle.)
1136. Vitrail de Saint-Étienne du Mont : apparition du Christ. (xve siècle.)
1137. Vitrail de Saint-Gervais : la Sainte Trinité. (xve siècle.)
1138. Vitrail de Saint-Gervais : les Bergers. (xve siècle.)
1139. Vitrail de Saint-Merry : légende de sainte Agnès. (xvie siècle.)
1140. Vitrail de Saint-Merry : légende de saint Bavon. (xvie siècle.)
1141. Vitrail de Saint-Étienne du Mont : les pèlerins d'Emmaüs. (xvie siècle.)
1142. Vitrail de Brou : saint Thomas. (xvie siècle.)
1143. Vitrail de Brou : les disciples d'Emmaüs. (xvie siècle.)
1144. Vitrail de Brou : Triomphe de la Vierge. (xvie siècle.)
1145. Vitrail de l'histoire de Psyché, Chantilly.
1146. Vitrail de l'histoire de Psyché, Chantilly.

1147. Vitrail de l'histoire de Psyché, Chantilly.
1148. Vitrail de l'histoire de Psyché, Chantilly.
1149. Vitrail de Saint-Merry: vie de saint Pierre. (xvııᵉ siècle.)
1150. Vitrail de Saint-Gervais: baptême du Christ. (xvııᵉ siècle.)

II. PEINTURE : *a)* REPRODUCTIONS ENCADRÉES.

1151. **Fouquet**: La Vierge & l'Enfant.
1152. **Fouquet** : Adoration des mages.
1153. **Fouquet**: Naissance de saint Jean-Baptiste.
1154. La Pieta d'Avignon. (*xvᵉ siècle.*) Louvre.
1155. **Maître de Moulins** : La Vierge glorieuse (*xvᵉ siècle.*) Louvre.
1156. **Maître de Moulins** : La nativité. (Autun.) (*xvᵉ siècle.*)
1157. **Clouet** : François Iᵉʳ. (Chantilly.)
1158. **Clouet** : Connétable de Montmorency.
1159. **Clouet** : Madame de Hauteville.
1160. **Clouet** : Jeanne d'Albret.
1161. **Philippe de Champaigne** : Richelieu. (Louvre.)
1162. **Poussin** : Les bergers d'Arcadie. (Louvre.)
1163. **Poussin** : Dessin.
1164. **Claude Lorrain** : Ulysse & Chryseis. (Louvre.)
1165. **Claude Lorrain** : Dessin. (Lourdes.)
1166. **Le Nain** : Repos de paysans. (Louvre.)
1167. **Mignard** : Molière.
1168. **Inconnu** : Racine.
1169. **Rigaud** : Bossuet. (Louvre.)
1170. **Nanteuil** : Madame de Sévigné.
1171. **Watteau** : Embarquement pour Cythère. (Louvre.)

1172. **Watteau** : Fête galante. (Louvre.)

1173. **Watteau** : Jeune femme. (Dessin.)

1174. **Watteau** : Torse de femme. (Dessin.)

1175. **Watteau** : Études de têtes. (Dessin.)

1176. **Watteau** : Femme assise. (Dessin.)

1177. **Lancret** : L'Innocence. (Louvre.)

1178. **Lancret** : La leçon de musique. (Louvre.)

1179. **Lancret** : Le moulinet. (Louvre.)

1180. **Boucher** : Pastorale. (Palais Pontoise.)

1181. **Boucher** : La cage. (Palais Pontoise.)

1182. **Nattier** : Marquise d'Antin. (Musée André.)

1183. **Nattier** : Madame Louise. (Versailles.)

1184. **Chardin** : Le bénédicité. (Louvre.)

1185. **Chardin** : L'enfant au toton. (Louvre.)

1186. **La Tour** : Mademoiselle Fel. (Saint-Quentin.)

1187. **La Tour** : Madame de la Grange. (Saint-Quentin.)

1188. **La Tour** : Mme Favart. (St-Quentin.)

1189. **La Tour** : La Camargo. (St-Quentin.)

1190. **Drouais** : Portrait de petite fille. (Louvre.)

1191. **Carmontelli** : Jeune femme.

1192. **Mme Vigée-Le-Brun** : Le peintre & sa fille. (Louvre.)

1193. **Deucourt** : Noce au château. (Louvre.)

1194. **Greuze** : Le petit mathématicien. (Louvre.)

1195. **Greuze** : L'accordée de village. (Louvre.)
1196. **Fragonard** : La poursuite.
1197. **Fragonard** : Dites-donc : s'il vous plaît.
1198. **Fragonard** : Portrait de Rosalie Girard.
1199. **Fragonard** : Paysage.
1200. **Fragonard** : L'occasion.
1201. **Fragonard** : La lecture.
1202. **Fragonard** : Cyprès de la villa d'Este.
1203. **Moreau le Jeune** : Petite fille endormie.
1204. **Houdon** : Voltaire. (Théâtre français.)

II. PEINTURE : *b) Documents en portefeuille.*

Portefeuille B.

1205. **Girard d'Orléans** : Portrait de Jean II d'Orléans.
1206. **Charonton** : Le triomphe de la Vierge.
1207. **Froment** : Le Buisson ardent.
1208. **Froment** : Le Buisson ardent, partie centrale.
1209. **Poussin** : Triomphe de Galathée. (Pétrograd.)
1210. **Le Lorrain** : Le Midi. (Pétrograd.)
1211. **Le Lorrain** : Le Matin. (Pétrograd.)
1212. **Watteau** : La danse : Iris, c'est de bonne heure. (Berlin.)
1213. **Watteau** : Lever de camp. (Glasgow.)
1214. **Watteau** : L'enseigne de Gersaint, côté droit. (Berlin.)
1215. **Watteau** : Intérieur de la boutique de Gersaint, côté gauche. (Berlin.)
1216. **Watteau** : Groupe d'hommes & de dames. (Dresde.)
1217. **Boucher** : La Musique.
1218. **Boucher** : La Peinture.
1219. **Boucher** : La Marquise de Pompadour.
1220. **Liotard** : La Chocolatière. (Dresde.)
1221. **Fragonard** : Rêverie. (Londres.)
1222. **Fragonard** : La Lecture. (Londres.)
1223. **Fragonard** : La Surprise. (Londres.)
1224. **Fragonard** : Devant le peintre. (Londres.)
1225. **De Troy** : Le déjeuner d'huîtres. (Chantilly.)
1226. **Vigée Lebrun** : Portrait de l'artiste. (Florence.)
1227. **Vigée Lebrun** : Portrait de Marie-Antoinette. (Versailles.)

PORTEFEUILLE 5. (*Suite.*)

1228. Inconnu du xv1ᵉ siècle: miniature. (Petit Palais.)
1229. **Jean Perréal**: Mariage mystique de sainte Catherine.
1230. **Bourdichon**: Le Dauphin Charles, fils de Charles VIII.
1231. **Corneille de Lyon**: Le cardinal Odet de Coligny.
1232. **Corneille de Lyon**: Michel Montaigne.
1233. **Corneille de Lyon**: François Iᵉʳ, encore duc d'Angoulême.
1234. **Clouet**: Catherine de Médicis.
1235. **Clouet**: Catherine de Médicis.
1236. **Clouet**: Guillaume de Montmorency.
1237. **Clouet**: Le comte d'Enghien.
1238. **Clouet**: Marguerite d'Angoulême.
1239. **Clouet**: Marguerite d'Angoulême, dessin.
1240. **Clouet**: Antoine de Bourbon.
1241. **Clouet**: Jeanne d'Albret.
1242. **Clouet**: Jeanne d'Albret.
1243. **Clouet**: Marguerite d'Angoulême.
1244. **Clouet**: Marie Stuart.
1245. **Clouet**: Henri III.
1246. **Clouet**: Elisabeth d'Autriche.
1247. **Clouet**: Marguerite de Valois.
1248. **Clouet**: Gabrielle d'Estrées.
1249. **Clouet**: Gabrielle d'Estrées.
1250. **Clouet**: Marie de Beauvilliers.
1251. **Dumoustier**: Henri IV jeune.
1252. **Dumoustier**: La maréchale d'Ancre.
1253. **École de Fontainebleau**: Diane.
1254. **École française** (xv1ᵉ siècle): Gabrielle d'Estrées au bain.
1255. **École française** (xv1ᵉ siècle): La Paix.

1256. Inconnu du xv1ᵉ siècle: Bal à la cour d'Henri III.

PORTEFEUILLE 12.

1257. **Simon de Châlons**: L'Enfant Jésus jouant avec des enfants.
1258. **Jean Cousin**: Les noces de Cana.
1259. **Callot**: Portrait de lui-même.
1260. **Callot**: Le Louvre & la tour de Nesles.
1261. **Callot**: L'Automne.
1262. **Callot**: Tentation de saint Antoine.
1263. **Callot**: Série de la «Guerre des Médicis».
1264. **Callot**: Grotesques.
1265. **Callot**: Grotesques.
1266. **Callot**: Fête de village.
1267. **Le Nain**: La fenaison.
1268. **Le Nain**: Le nouveau né.
1269. **Le Nain**: La Vierge & sainte Anne.
1270. **Le Nain**: La marquise de Forbin.
1271. **Le Nain**: Le jeune de Pérussis.
1272. **Le Nain**: Un maréchal dans sa forge.
1273. **Ph. de Champaigne**: La mère Catherine Agnès Arnaud & la sœur Catherine de Sainte-Suzanne.
1274. **Ph. de Champaigne**: Louis XIII couronné par la Victoire.
1275. **Ph. de Champaigne**: Le président Pomponne de Bellièvre.
1276. **Ph. de Champaigne**: Portrait d'une petite fille.
1277. **Ph. de Champaigne**: La Cène.
1278. **Ph. de Champaigne**: La manne.
1279. **Demet**: Le Feu.
1280. **Demet**: L'Air.

1281. **Demet** : La Terre.
1282. **Poussin** : Ravissement de saint Paul.
1283. **Poussin** : Orphée & Eurydice.
1284. **Poussin** : Son portrait.
1285. **Poussin** : Les aveugles de Jéricho.
1286. **Poussin** : L'Automne ou la terre promise.
1287. **Poussin** : Eliezer & Rebecca.
1288. **Poussin** : Triomphe de Flore.
1289. **Poussin** : Bacchanale.
1290. **Poussin** : Grotesques.
1291. **Poussin** : Apollon & Daphné.
1292. **Poussin** : Mort d'Ananie.

1293. **Poussin** : Naissance de Vénus.
1294. **Poussin** : Trophées d'après l'antique.
1295. **Poussin** : Études diverses.
1296. **Poussin** : Études pour les sept sacrements.

PORTEFEUILLE 13.

1297. **Poussin** : Moïse & les filles de Jethro.
1298. **Poussin** : Mars & Vénus.
1299. **Poussin** : Étude d'après l'antique.
1300. **Poussin** : Étude pour l'adoration des Mages.
1301. **Poussin** : Étude pour l'adoration des Mages.
1302. **Poussin** : Léda.
1303. **Poussin** : Massacre des Innocents.
1304. **Poussin** : Enfance de Bacchus.
1305. **Poussin** : Thésée à Trézène.
1306. Inconnu : Distribution de vivres
1307. **Dughet** : Un orage.
1308. **Claude Lorrain** : Un port de mer.

1309. **Claude Lorrain** : Paysage.
1310. **Claude Lorrain** : Vue d'Italie, dessin.
1311. **Claude Lorrain** : Dessin du «Livre de Vérité».
1312. **Claude Lorrain** : Dessin du «Livre de Vérité».
1313. **Claude Lorrain** : Dessin du «Livre de Vérité».
1314. **Claude Lorrain** : Dessin du «Livre de Vérité».
1315. **Claude Lorrain** : Dessin du «Livre de Vérité».
1316. **Claude Lorrain** : Dessin du «Livre de Vérité».
1317. **Claude Lorrain** : Dessin du «Livre de Vérité».
1318. **Claude Lorrain** : Un port de mer.
1319. **Claude Lorrain** : Dessin pour l'Ange & Tobie ?
1320. **Le Sueur** : L'Amour se réfugie dans les bras de Cérès.
1321. **Le Sueur** : Melpomène, Erato & Polymnie.
1322. **Le Sueur** : Saint Louis pansant les malades.
1323. **Le Sueur** : Clio, Euterpe & Thalie.
1324. **Le Sueur** : Jésus portant sa Croix.
1325. **Bourdon** : Portrait de Fouquet.
1326. **Bourdon** : Portrait d'un Espagnol. (a passé pour **Molière**.)
1327. **Elle** : Henri II de Lorraine.
1328. **Elle** : Madame de Maintenon.
1329. **Valentin** : Jeunes gens dessinant.
1330. **Mignard** : Vierge à la grappe.
1331. **Mignard** : Madame de Montespan & le duc du Maine.
1332. **Mignard** : Ecce homo.
1333. **Lebrun** : Entrée de Jésus-Christ à Jérusalem.

1334. **Lebrun** : Les mois : Juin.
1335. **Lebrun** : Les mois : Janvier.
1336. **Lebrun** : Les mois : Mai.
1337. **Lebrun** : Portrait de Turenne.

PORTEFEUILLE 14.

1338. **Le Febvre** : Un maître & son élève.
1339. **Edelinck** : Pascal.
1340. **Edelinck** : Racine.
1341. **Nanteuil** : Jean de Carbon.
1342. **Nanteuil** : Claude Perrault.
1343. **Nanteuil** : Le Nôtre.
1344. **M. Cormeille** : Massacre des Innocents.
1345. **Jouvenet** : Jésus & le centurion.
1346. **Parrocel** : Combat sur un pont.
1347. **Courtois dit le Bourguignon** : Combat près des ruines d'un temple.
1348. **Santerre** : Suzanne au bain.
1349. **Santerre** : Une cantatrice.
1350. **Rigaud** : Gaspard de Gueidan.
1351. **Rigaud** : Louis XIV.
1352. **Rigaud** : Gaspard de Gueidan en joueur de cornemuse.
1353. **Largillière** : Madame de Gueidan en Flore.
1354. **Largillière** : Mesdemoiselles de Gueidan.
1355. **Largillière** : Madame de Gueidan en Simiane.
1356. **Raoux** : Portrait de jeune femme.
1357. **Vivien** : Portrait de Samuel Bernard.
1358. **Watteau** : L'Amour désarmé.
1359. **Watteau** : Étude d'homme.
1360. **Watteau** : Deux femmes assises.
1361. **Watteau** : L'amante inquiète.
1362. **Watteau** : Études de têtes.
1363. **Watteau** : Deux femmes.

1364. **Watteau** : Femme assise & étude de tête.
1365. **Watteau** : L'assemblée dans un parc.
1366. **Watteau** : L'indifférent.
1367. **Watteau** : Vénus & l'Amour désarmé.
1368. **Watteau** : La Finette.
1369. **Watteau** : Le donneur de sérénade.
1370. **Watteau** : Paysage d'après Titien.
1371. **Coypel** : Esther devant Assuérus.
1372. **Le Moyne** : Continence de Scipion.
1373. **Le Moyne** : Dessin pour un plafond.
1374. **Le Moyne** : Dessin pour l'encadrement d'une thèse.
1375. **Le Moyne** : Étude d'homme.
1376. **Le Moyne** : Étude pour un plafond.
1377. **Le Moyne** : Tête d'enfant.

PORTEFEUILLE 15.

1378. **De Troy** : Le bain de Diane.
1379. **De Troy** : Loth & ses filles.
1380. **Desportes** : Canards, bécasses, etc.
1381. **Desportes** : Gibier gardé par des chiens.
1382. **Desportes** : Chasse au loup.
1383. **Desportes** : Diane & Blonde, chiennes.
1384. **Oudry** : La chasse au loup.
1385. **Oudry** : Blanche, chienne.
1386. **Lancret** : L'Automne.
1387. **Lancret** : Le Printemps.
1388. **Lancret** : La Camargo.
1389. **Lancret** : L'Hiver.
1390. **Lancret** : L'Été.
1391. **Gillot** : La Danse.

1392. **La Tour (M. Q. de)** : Portrait de l'artiste. (Dijon.)

1393. **La Tour (M. Q. de)** : Mademoiselle Chastagnier de La Grange. (Saint-Quentin.)

1394. **La Tour (M. Q. de)** : D'Alembert. (Saint-Quentin.)

1395. **La Tour (M. Q. de)** : L'abbé Hubert. (Saint-Quentin.)

1396. **La Tour (M. Q. de)** : La Camargo. (Saint-Quentin.)

1397. **La Tour (M. Q. de)** : Louis XV. (Saint-Quentin.)

1398. **La Tour (M. Q. de)** : Madame de Pompadour. (Saint-Quentin.)

1399. **La Tour (M. Q. de)** : Madame Favart. (Saint-Quentin.)

1400. **La Tour (M. Q. de)** : Madame de La Popelinière. (Saint-Quentin.)

1401. **La Tour (M. Q. de)** : Mademoiselle Fel. (Saint-Quentin.)

1402. **La Tour (M. Q. de)** : Le Père Emmanuel. (Saint-Quentin.)

1403. **La Tour (M. Q. de)** : Le marquis d'Argenson. (Saint-Quentin.)

1404. **La Tour (M. Q. de)** : Le maréchal de Saxe. (Saint-Quentin.)

1405. **La Tour (M. Q. de)** : Une inconnue. (Saint-Quentin.)

1406. **La Tour (M. Q. de)** : La Tour, par lui-même. (Saint-Quentin.)

1407. **La Tour (M. Q. de)** : Joseph Vernet. (Dijon.)

1408. **La Tour (M. Q. de)** : Jeune fille à la colombe (d'après La Rosalba). [Saint-Quentin.]

1409. **La Tour (M. Q. de)** : Jeune fille à la couronne (d'après La Rosalba). [Saint-Quentin.]

1410. **Perronneau** : Portrait de La Tour. (Saint-Quentin.)

1411. **Perronneau** : Portrait d'Adam l'aîné. (Louvre.)

1412. **Perronneau** : Portrait d'Oudry. (Louvre.)

1413. **Perronneau** : Portrait de jeune fille. (Louvre.)

1414. **Perronneau** : Portrait de l'artiste. (Tours.)

1415. **Perronneau** : Portrait de Madame Fuet. (Orléans.)

1416. **Perronneau** : Portrait de Mademoiselle Fuet. (Orléans.)

1417. **Belle** : Portrait du peintre Nonnotte. (Besançon.)

1418. **Nonnotte** : Portrait de Madame Nonnotte. (Besançon.)

PORTEFEUILLE 16.

1419. **Van Loo** : Halte de chasse. (Louvre.)

1420. **Van Loo** : Portrait de Marie Leczinska. (Louvre.)

1421. **Tocqué** : Portrait de Marie Leczinska. (Louvre.)

1422. **Roslin** : La robe de satin. (Louvre.)

1423. **Aved** : Portrait de Madame Crozat. (Montpellier.)

1424. **Hallé** : L'éducation des riches.

1425. **Lépicié** : La fontaine du marché. (Reims.)

1426. **Lépicié** : L'enfant en pénitence. (Lyon.)

1427. **Vincent** : Portrait du fermier général Bergeret. (Besançon.)

1428. **Boucher (F.)** : Curiosité chinoise. (Besançon.)

1429. **Boucher (F.)** : Jardin chinois. (Besançon.)
1430. **Boucher (F.)** : Médaillon de Louis XV. (Besançon.)
1431. **Eisen** : Jeux d'amours. (Dijon.)
1432. **Eisen** : Sacrifice à Pan. (Dijon.)
1433. **Challes** : Études de vasques. (Besançon.)
1434. **Pâris** : Bordure de tapisserie. (Besançon.)
1435. **Pâris** : Décor des jardins de Cythère. (Besançon.)
1436. **Pillement** : Paysage.
1437. **Pillement** : Paysage.
1438. **De Wailly** : Plafond de l'église du Gesu à Rome.
1439. **Boichot** : Ecussons.
1440. **Huet (J. B.)** : Pastorale. (Lyon.)
1441. **Fragonard** : La fête de Saint-Cloud. (Banque de France.)
1442. **Fragonard** : Enfants faisant manger un âne.
1443. **Fragonard** : Danseuse. (Besançon.)
1444. **Fragonard** : Danseuse. (Besançon.)
1445. **Fragonard** : L'allée ombreuse. (Petit Palais.)
1446. **Fragonard** : Lit d'apparat. (Besançon.)
1447. **Fragonard** : Tête de petite fille. (Besançon.)
1448. **Fragonard** : La liseuse.
1449. **Fragonard** : Serments d'amour. (Tours.)
1450. **Hubert Robert** : Projet pour le pont Neuf. (Épinal.)
1451. **Hubert Robert** : Les lavandières. (Louvre.)
1452. **Hubert Robert** : Huit dessins d'après les ruines de Rome. (Valence.)

PORTEFEUILLE 17.

1453. **Hubert Robert** : Quatorze dessins d'après les ruines de Rome. (Valence.)
1454. **Chardin** : Portrait de l'artiste (Louvre.)
1455. **Chardin** : La femme de l'artiste. (Louvre.)
1456. **Chardin** : Lapin mort. (Louvre.)
1457. **Chardin** : Un dessert. (Louvre.)
1458. **Chardin** : Menu de maigre. (Louvre.)
1459. **Vernet (Joseph)** : Le calme. (Carpentras.)
1460. **Vernet (Joseph)** : Le naufrage. (Louvre.)
1461. **Vernet (Joseph)** : Le port de Toulon. (Louvre.)
1462. **Vernet (Joseph)** : Les baigneuses. (Louvre.)
1463. **Vernet (Carle)** : Louis Philippe d'Orléans & le duc de Chartres. (Chantilly.)
1464. **Wertmüller** : Portrait de jeune fille. (Nancy.)
1465. **Ollivier** : Le thé à l'anglaise au temple. (Louvre.)
1466. **Duplessis** : Portrait de Louis XVI. (Versailles.)
1467. **Duplessis** : Les abords d'un camp.
1468. **Sigalon** : La courtisane. (Louvre.)
1469. **Gallet** : Le triomphe de Flore. (Louvre)
1470. **Vestier** : Bacchante. (Tours.)
1471. **Lagrenée** : La Mélancolie. (Louvre.)
1472. **Vigée Le Brun** : La femme au manchon. (Louvre.)
1473. **Danloux** : Madame de Folleville.
1474. **Danloux** : Madame de Nozières.

1475. **Ducreux** : Portrait de l'artiste. (Musée André.)
1476. **Vien** : Apothéose de Winckelmann. (Langres.)
1477. **Regnault** : Les trois Grâces. (Louvre.)
1478. **Houel** : La place du Capitole. (Besançon.)
1479. **Greuze** : Portrait de Wille. (Musée André.)

PORTEFEUILLE 18.

1480. **Maître de Flémalle** : Nativité.
1481. **École du Nord** : Généalogie de la Vierge.
1482. **École de Bourgogne** : Couronnement de la Vierge.
1483. **École des Flandres** : La Vierge & l'Enfant.
1484. **Le Nain** : Un chevalier de Saint-Michel.
1485. **Le Nain** : Repas de paysans. (Louvre.)
1486. **Claude Lorrain** : Ulysse remet Chryséis à son père.
1487. **Vouet** : Christ en croix.
1488. **Mathieu** : Henriette d'Angleterre tenant le portrait de son mari.
1489. **Lebrun** : Chute des anges rebelles.
1490. **Lebrun** : Actions de grâces de Louis XIV.
1491. **Bourdon** : Portrait de Molière ?
1492. **Bourguignon** : Mademoiselle de Montpensier en Minerve.
493. **Mignard** : Madame de Montespan.
1494. **Largillière** : Le sculpteur Jean Thierry.
1495. **Largillière** : Ex-voto des Échevins de Paris à sainte Geneviève.

1496. **Rigaud** : Le maréchal de Belle-Ile.
1497. **Rigaud** : Portrait de lui-même.
1498. **Rigaud** : Le sculpteur Desjardins.
1499. **Rigaud** : Portrait de Philibert Orry.
1500. **Rigaud** : Le duc de Marborough.
1501. **De Troy** : Ex-voto des Échevins de Paris à sainte Geneviève.
1502. **Watteau** : Études de têtes.
1503. **Watteau** : Embarquement pour Cythère. (Louvre.)
1504. **Watteau** : Gilles.
1505. **Watteau** : Jupiter & Antiope.
1506. **Pater** : Fête dans un parc.
1507. **Nattier** : Madame Henriette de France, fille de Louis XV.
1508. **Nattier** : Portrait de Madame Victoire, fille de Louis XV.
1509. **Nattier** : Persée pétrifie Phinée.
1510. **Nattier** : Marie Leczinska.

PORTEFEUILLE 19.

1511. **Coypel** : Enlèvement d'Amymone.
1512. **Coypel** : Portrait de Simon Guillain.
1513. **Tocqué** : Le marquis de Marigny.
1514. **Tocqué** : Monsieur de Tournehem.
1515. **Lancret** : L'Innocence.
1516. **Lancret** : La leçon de musique.
1517. **Natoire** : L'académie de peinture à Rome.
1518. **Natoire** : L'Amour répand des fleurs.
1519. **Boucher** : Le Génie des Arts.
1520. **Boucher** : Apollon visitant une nymphe.

1521. **Boucher** : Sylvie fuyant le loup qu'elle a blessé.
1522. **Boucher** : Apollon couronnant les Arts.
1523. **Boucher** : Foire chinoise.
1524. **Boucher** : Mariage de l'empereur de Chine.
1525. **Boucher** : Pêche chinoise.
1526. **Boucher** : Chasse chinoise.
1527. **Boucher** : Audience de l'empereur de Chine.
1528. **Boucher** : Danse chinoise.
1529. **Boucher** : Festin de l'empereur de Chine.
1530. **Boucher** : Aminte & Sylvie.
1531. **Boucher** : Le nid.
1532. **Boucher** : Diane au bain.
1533. **Boucher** : Berger & Bergère.
1534. **Boucher** : La cible.
1535. **Challes** : Plafond.
1536. **Raoux** : Portrait de Mademoiselle Prévost.
1537. **Oudry** : Chien, gibier, etc.
1538. **Ladey** : Fleurs & fruits.
1539. **Monnoyer** : Fleurs & fruits.

PORTEFEUILLE 20.

1540. **Jeaurat** : Ustensiles de cuisine.
1541. **Restout** : Alphée poursuivant Aréthuse.
1542. **Restout** : Mort de saint Benoît.
1543. **Van Loo** : Thésée vainqueur du Minotaure.

1544. **Leprince** : La place Louis XV.
1545. **Chardin** : Portrait du musicien Rameau.
1546. **Chardin** : La mère laborieuse.
1547. **Servandoni** : Ruines romaines.
1548. **Greuze** : La laitière.
1549. **Greuze** : La cruche cassée.
1550. **Greuze** : Le petit mathématicien.
1551. **Greuze** : La prière du matin.
1552. **Greuze** : La pudeur agaçante.
1553. **Greuze** : Le gâteau des rois.
1554. **Fragonard** : La visite à la nourrice.
1555. **Fragonard** : Paysage.
1556. **Fragonard** : Portrait d'homme.
1557. **Fragonard** : La fête de Saint-Cloud.
1558. **Fragonard** : La leçon de musique.
1559. **Fragonard** : L'occasion ou le baiser à la fumée.
1560. **Fragonard** : L'étude.
1561. **Fragonard** : Le concours.
1562. **Fragonard** : La récompense.
1563. **Fragonard** : Le pont de bois.
1564. **Duplessis** : Le comte d'Angivilliers.
1565. **Hubert Robert** : Monuments & ruines.
1566. **Hubert Robert** : Marine.
1567. **Hubert Robert** : Le port de Ripetta.
1568. **Hubert Robert** : Paysage.

III. ARCHITECTURE : *a) REPRODUCTIONS ENCADRÉES.*

1569. *CHAMBORD.* — Le château.

1570. *CHENONCEAUX.* — Le château.

1571. *BLOIS.* — Le château.	1578. *PARIS.* — Salon de l'hôtel Soubise.
1572. *ARRAS.* — Hôtel de Ville.	1579. *PARIS.* — Arc de triomphe.
1573. *FONTAINEBLEAU.* — Galerie Henri II.	1580. *VERSAILLES.* — Façade du château sur les jardins.
1574. *PARIS.* — Fontaine des Innocents.	
1575. *PARIS.* — Colonnade du Louvre.	1581. *VERSAILLES.* — Galerie des glaces.
1576. *PARIS.* — Pavillon de l'Horloge. (Louvre.)	1582. *NANCY.* — Place Stanislas.
1577. *PARIS.* — Les Invalides.	

III. ARCHITECTURE : *b*) DOCUMENTS EN PORTEFEUILLE.

PORTEFEUILLE A. (*Suite.*)

1583. *BLOIS.* — Château, Grand escalier de François Ier.

1584. *CHAUMONT.* — Château.

1585. *AMBOISE.* — Château.

1586. *VERSAILLES.* — Château, côté cour.

1587. *PARIS.* — Opéra.

PORTEFEUILLE 7. (*Suite.*)

1588. *AMBOISE.* — Le château. — Aile Louis XII.

1589. *BLOIS.* — Façade extérieure du château, aile François Ier.

1590. *BLOIS.* — Façade extérieure du château, aile Louis XII.

1591. *BLOIS.* — La château, aile François Ier, soubassement du grand escalier.

1592. *BLOIS.* — Le château, salle des États généraux. (XIIIe siècle.)

1593. *CHAMBORD.* — Le château, la salle des Gardes.

1594. *CHAMBORD.* — Le château, le grand escalier.

1595. *CHAMBORD.* — Le château, chapiteau de l'escalier d'honneur.

1596. *BLOIS.* — Le château, coupole du grand escalier Louis XII.

1597. *BLOIS.* — Le château, aile François Ier, lucarnes & cheminées.

1598. *BLOIS.* — Le château, aile de François Ier, cheminée.

1599. *CHAMBORD.* — Les combles du château, vue prise à vol d'oiseau.

1600. *CHAMBORD.* — Le château, lucarne & cheminée.

1601. *CHAMBORD.* — Le château, chapiteau.

1602. *CHENONCEAUX.* — Le château.

1603. *AZAY-LE-RIDEAU.* — Façades orientales du château.

1604. *MAINTENON.* — Façade méridionale du château.

1605. *LANGEAIS.* — Façade méridionale du château.

1606. *MORTRÉE.* — Le château d'O. (XVIe siècle.)

1607. *BRISSAC.* — Façade principale du château.

1608. *MONTREUIL-BELLAY.* — Le château.

1609. *NANCY.* — Porterie du palais ducal.

1610. *JOSSELIN.* — Le château.

1611. *JOSSELIN.* — Le château, détails du corps de logis intérieur.

1612. *MEILLANT.* — Le château.

1613. *MEILLANT.* — La salle à manger du château.

1614. *ANET.* — Le château, l'entrée.

1615. *VILLANDRY.* — Le château (fin du XVIe siècle).

1616. *PARIS.* — Le Luxembourg.

1617. *BALLEROY.* — Le château.

1618. *CHEVERNY.* — Le château.

PORTEFEUILLE 21.

1619. *FONTAINEBLEAU.* — Le château.

1620. *FONTAINEBLEAU.* — La cour des adieux.

1621. *FONTAINEBLEAU.* — Baptistère Louis XIII.

1622. *FONTAINEBLEAU.* — Pavillon Henri IV.

1623. *FONTAINEBLEAU.* — Salon de réception des reines-mères.

1624. *DAMPIERRE.* — Le château.

1625. *DAMPIERRE.* — Le château.

1626. *VERSAILLES.* — La cour de marbre.

1627. *VERSAILLES.* — Le palais & l'orangerie.

1628. *VERSAILLES.* — L'escalier de marbre.

1629. *VERSAILLES.* — Grand Trianon, La façade.

1630. *VERSAILLES.* — Petit Trianon, côté du parc.

1631. *VERSAILLES.* — Le Grand Trianon.

1632. *VERSAILLES.* — Petit Trianon, pavillon français.

1633. *COMPIÈGNE.* — Le château, côté du parc.

1634. *COMPIÈGNE.* — Le château, façade principale.

1635. *CHANTILLY.* — Le château, la porte Saint-Denis & les écuries.

1636. *CHANTILLY.* — La façade du château.

1637. CHANTILLY. — L'escalier d'honneur & le vestibule du château.
1638. CORDES. — L'Hôtel de ville.
1639. BEAUVAIS. — Le Palais de Justice.
1640. NEVERS. — Le Palais ducal.
1641. PÉRIGUEUX. — La maison des Consuls.
1642. BOURGES. — Le palais de Jacques Cœur.
1643. BOURGES. — Le palais de Jacques Cœur, le cloître.
1644. BOURGES. — L'escalier de la chapelle du palais de Jacques Cœur.
1645. POITIERS. — Cheminée de la salle des Gardes (Palais de Justice).
1646. ROUEN. — Le Palais de Justice.
1647. DIJON. — Le Palais de Justice.
1648. LA ROCHELLE. — L'Hôtel de ville.
1649. LA ROCHELLE. — L'Hôtel de ville, façade intérieure.
1650. LAON. — Colonnade du palais de Justice.
1651. SAUMUR. — L'Hôtel de ville.
1652. COMPIÈGNE. — L'Hôtel de ville.
1653. MULHOUSE. — L'Hôtel de ville.
1654. BEAUGENCY. — L'Hôtel de ville & la tour de l'Horloge.
1655. DREUX. — L'Hôtel de ville.
1656. RIOM. — L'Hôtel des Consuls.
1657. NOYON. — L'Hôtel de ville.
1658. ORLÉANS. — L'Hôtel de ville.
1659. RENNES. — L'Hôtel de ville.

PORTEFEUILLE 22.

1660. LYON. — L'Hôtel de ville.
1661. LILLE. — La Bourse.
1662. PARIS. — Façade de l'Hôtel des Invalides.

1663. MARSEILLE. — L'Hôtel de ville.
1664. RENNES. — Le Palais de Justice.
1665. REIMS. — L'Hôtel de ville.
1666. DIJON. — L'Hôtel de ville.
1667. BEAUVAIS. — L'Hôtel de ville.
1668. ALENÇON. — L'Hôtel de ville.
1669. NANCY. — L'Hôtel de ville.
1670. MONACO. — L'escalier d'honneur.
1671. PARIS. — L'Hôtel de ville.
1672. PARIS. — Fronton de l'Hôtel de ville.
1673. SAINT-GILLES. — Maison romane.
1674. MONTPELLIER. — L'École de Médecine.
1675. NOYON. — Maison du xv⁰ siècle.
1676. ALBI. — Vieille maison (xvi⁰ siècle).
1677. PARIS. — L'Hôtel de Cluny.
1678. PARIS. — La cour d'honneur & le puits. (Hôtel de Cluny.)
1679. PARIS. — L'escalier en bois. (Hôtel de Cluny.)
1680. LE MANS. — Vielle maison, rue des Chanoines.
1681. LE MANS. — Porte de la maison de la «Reine Bérengère».
1682. LE MANS. — Cul-de-lampe d'une vieille maison.
1683. LE MANS. — Fenêtre d'une vieille maison.
1684. ROUEN. — Hôtel Bourgtheroulde.
1685. BOURGES. — Hôtel Cujas.
1686. MOULINS. — Ancienne résidence d'Anne de Beaujeu.
1687. TOURS. — Hôtel Gouin.
1688. ANGERS. — Le logis Barrault.
1689. ANGERS. — L'Hôtel Pincé.
1690. TROYES. — L'Hôtel de Vauluisant.
1691. DIJON. — La maison des Ambassadeurs.
1692. REIMS. — La maison des musiciens.

1693. STRASBOURG. — Vieille maison en bois.
1694. LISIEUX. — Vieille maison de la Grande rue.
1695. DIJON. — La maison des Cariatides.
1696. ALBI. — Vieille maison (XVIᵉ siècle).
1697. AZAY-LE-RIDEAU. — Porte de la façade.
1698. DIJON. — Porte Renaissance.
1699. TOULOUSE. — L'Hôtel de pierre.
1700. TOULOUSE. — Fenêtre de l'Hôtel du Vieux Raisin.

PORTEFEUILLE 23.

1701. CLERMONT-FERRAND. — Fontaine de Jacques d'Amboise.
1702. OISSEL. — Puits du XVIᵉ siècle.
1703. AUTUN. — La fontaine Saint-Lazare.
1704. DIJON. — Le puits d'Amour.
1705. ROUEN. — La Grosse horloge.
1706. PARIS. — La Monnaie.
1707. VERSAILLES. — Le bassin d'Apollon.
1708. FONTAINEBLEAU. — Le parterre.
1709. VERSAILLES. — Le bassin de Latone.
1710. CHANTILLY. — L'île d'Amour.
1711. MONTPELLIER. — L'aqueduc.
1712. VERSAILLES. — Trianon. La maison du seigneur.
1713. VERSAILLES. — Trianon. Le temple de l'Amour.
1714. MONTPELLIER. — Le jardin du Peyrou.
1715. NANCY. — La place Stanislas.
1716. LYON. — La place Bellecour.
1717. NANCY. — Le palais du Gouvernement.

1718. PARIS. — La place de la Concorde.
1719. PARIS. — La porte Saint-Denis.
1720. LILLE. — La porte de Paris.
1721. PARIS. — L'Arc de Triomphe de la place du Carrousel.
1722. BORDEAUX. — Le grand Théâtre.
1723. BORDEAUX. — Les colonnes rostrales.

PORTEFEUILLE 24.

1724. SEMUR. — Église Notre-Dame, portail des Bleds.
1725. BOURGES. — Porte Saint-Ursin.
1726. LE MANS. — Tympan du portail méridional.
1727. VÉZELAY. — Église de la Madeleine, portail du narthex & nef.
1728. BORDEAUX. — Église Saint-Seurin, portail central.
1729. CHARTRES. — La cathédrale, portail royal.
1730. PARIS. — L'abside de Notre-Dame.
1731. BEAUVAIS. — La cathédrale Saint-Pierre.
1732. COUTANCES. — La cathédrale.
1733. DIJON. — La cathédrale Saint-Bénigne.
1734. LYON. — La cathédrale Saint-Jean.
1735. AUXERRE. — La cathédrale Saint-Étienne.
1736. ABBEVILLE. — L'église Saint-Vulfran.
1737. SENS. — La cathédrale.
1738. SÉES. — La cathédrale.
1739. ROUEN. — Église Saint-Ouen.
1740. TROYES. — La cathédrale.
1741. PARIS. — La Sainte-Chapelle.
1742. BOURGES. — La cathédrale.

1743. LE MANS.—Abside de la cathédrale.

1744. ROUEN. — Abside de la cathédrale.

1745. ROUEN. — La tour de Beurre. (Cathédrale.)

1746. MONT SAINT-MICHEL. — L'abbaye. Abside de l'église.

1747. COLMAR.— Église Saint-Martin.

1748. SAINT-POL DE LÉON. — Vue générale.

1749. AMBOISE. — La chapelle du château.

1750. ÉVREUX. — La cathédrale.

1751. BAYEUX. — Abside de la cathédrale.

1752. LE GRAND ANDELY. — Église Notre-Dame, côté Sud.

1753. ALENÇON. — L'église Notre-Dame.

1754. ARGENTAN.—Abside de l'église Saint-Germain.

1755. BROU. — L'église.

1756. LOUVIERS. — Église Notre-Dame, porche méridional.

1757. DIJON. — Église Notre-Dame.

1758. DIJON.—L'église Notre-Dame, abside.

1759. CAEN. — L'église Saint-Pierre, abside.

1760. ANET. — La chapelle du château.

1761. ANET. — Le château, la chapelle de Diane de Poitiers.

1762. PARIS. — Église Saint-Étienne du Mont.

1763. DIJON.—L'église Saint-Michel.

1764. ORLÉANS. — La cathédrale Sainte-Croix.

1765. TOURS. — La cathédrale Saint-Gatien.

PORTEFEUILLE 25.

1766. LAON. — Portail central de la cathédrale.

1767. REIMS. — La cathédrale, portail du Jugement dernier.

1768. BOURGES. — Le grand portail de la cathédrale.

1769. ROUEN. — Le portail de la cathédrale.

1770. SENS. — Portail sud, dit de Moïse, de la cathédrale.

1771. REIMS. — Le grand portail de la cathédrale.

1772. THANN. — Cathédrale Saint-Théobald, le portail.

1773. ROUEN.—La cathédrale, portail de la Calande.

1774. ROUEN.—La cathédrale, portail des Libraires.

1775. AUXERRE. — La cathédrale, petit portail.

1776. AUXERRE. — Portail.

1777. NOYON. — Le grand portail de la cathédrale.

1778. NANTES.— Portail de la cathédrale.

1779. BAYEUX.—Le grand portail de la cathédrale.

1780. BROU. — Le grand portail de l'église.

1781. AMBOISE.—Porte de la chapelle du château.

1782. TOULOUSE. — Porte latérale de l'église Saint-Sernin.

1783. TOULOUSE. — Portail de l'église de la Dalbade.

1784. LE PUY. — Nef de la basilique Notre-Dame.

1785. VÉZELAY. — Nef de l'église de la Madeleine.

1786. TOULOUSE. — Nef de l'église Saint-Sernin.

1787. ISSOIRE. – Nef de l'église Saint-Paul.

1788. CLERMONT-FERRAND.–Intérieur de Notre-Dame du Port.

1789. CAEN.–La nef de l'église Saint-Étienne, abbaye aux hommes.

1790. REIMS. – Nef de l'église Saint-Rémy, prise du chœur.

1791. CHARTRES. – Nef de la cathédrale, prise du chœur.

1792. CHARTRES. – Nef & chœur de la cathédrale.

1793. REIMS. – La nef, vue prise du chœur.

1794. PARIS.–La nef de Notre-Dame.

1795. PARIS. – Le reliquaire de la Sainte-Chapelle.

1796. PARIS. – Chapelle basse de la Sainte-Chapelle.

PORTEFEUILLE 26.

1797. BEAUVAIS. – Chœur de la cathédrale.

1798. ROUEN.–Nef de l'église Saint-Ouen.

1799. LAON.–Nef de la cathédrale, prise du chœur.

1800. LE MANS. – Nef de la cathédrale.

1801. NOYON.–Nef de la cathédrale.

1802. TROYES. – Nef & chœur de la cathédrale.

1803. SENS. – Nef de la cathédrale, prise du chœur.

1804. SAINT-WANDRILLE. – Ruines du transept de l'abbaye.

1805. BAYEUX.–Le chœur de la cathédrale.

1806. SÉES. – Le chœur de la cathédrale.

1807. ORLÉANS. – Nef de la cathédrale.

1808. BROU. – La nef de l'église.

1809. BROU. – Le chœur de l'église.

1810. FONTAINEBLEAU. – La chapelle du Palais.

1811. VERSAILLES. – La chapelle du château.

1812. PARIS.–La nef de l'église Saint-Sulpice.

1813. PARIS.–La chapelle de l'Hôtel des Invalides.

1814. PARIS. – Tombeau de Napoléon Ier à l'Hôtel des Invalides.

1815. MARSEILLE. – Intérieur de la cathédrale.

1816. AUTUN. – Intérieur de la cathédrale Saint-Lazare.

1817. NANTES. – Intérieur de la cathédrale, la grande porte.

1818. ALBI–Bas côté Sud de la cathédrale.

1819. CHARTRES. – Le tour du chœur de la cathédrale.

1820. NOYON.–Intérieur de la cathédrale, retable du XVe siècle.

1821. LAON. – Portes des chapelles latérales de la cathédrale.

1822. MONT SAINT-MICHEL.–La crypte de l'abbaye.

1823. MONT SAINT-MICHEL.–La crypte de l'Aquilon.

1824. MONT SAINT-MICHEL. – Le promenoir de l'abbaye.

1825. PARIS. – Voûtes de la chapelle de Cluny.

1826. PARIS.–Dessous de la chapelle de Cluny.

1827. SAINT-DENIS. – Intérieur de l'église de l'abbaye, la crypte.

1828. MONT SAINT-MICHEL. – La «Merveille» de l'abbaye, le cellier.

1829. LAON. – Chapelle des Fonts baptismaux de la cathédrale.

1830. MONT SAINT-MICHEL. — La
«Merveille» de l'abbaye, ré-
fectoire des moines.
1831. SENS. — La salle synodale.
1832. PARIS. — Le jubé de l'église
Saint-Étienne du Mont.
1333. ALBI. — Le jubé de la cathédrale.
1834. TROYES. — Le jubé de l'église
de la Madeleine.
1835. BROU. — Le jubé de l'église.
1836. LA CHAISE-DIEU. — Le jubé de
l'église.

PORTEFEUILLE 27.

1837. MOISSAC. — Église Saint-Pierre,
détail du portail occidental.
1838. CHARTRES. — La cathédrale, le
pourtour du chœur, Circon-
cision & Adoration des Mages.
1839. ROUEN. — Escalier de la bibliothèque de la cathédrale.
1840. ROUEN. — Escalier des orgues de
l'église Saint-Maclou.
1841. SAINT-WANDRILLE. — L'abbaye, lavabo dans le cloître.
1842. LOUVIERS. — Église Notre-
Dame, arcs-boutants.
1843. MONT SAINT-MICHEL. — Contre-
forts de l'église de l'abbaye.
1844. MONT SAINT-MICHEL. — L'abbaye, les pinacles & l'escalier
de dentelles.
1845. BROU. — L'église, oratoire de
Marguerite d'Autriche.
1846. TOULOUSE. — Chapiteaux de colonnes jumelles de l'église
Saint-Sernin.
1847. TOULOUSE. — Cloître de l'abbaye
de la Daurade, colonnes jumelles du XII° siècle.
1848. NANTES. — La cathédrale, décoration d'un pilier, à l'entrée.

1849. PARIS. — Façade méridionale de
la cathédrale, bas-relief du
XIII° siècle.
1850. SÉES. — La cathédrale, bases des
colonnettes des piliers du
chœur.
1851. VÉZELAY. — Le cloître de l'é-
glise de la Madeleine.
1852. LE PUY. — Le cloître de la basilique Notre-Dame.
1853. ARLES. — Galerie du cloître
Saint-Trophime.
1854. MONTMAJOUR. — Intérieur du
couvent.
1855. MORTAIN. — Cloître de l'ancienne abbaye Blanche.
1856. TOULOUSE. — Cloître du Musée.
1857. MONT SAINT-MICHEL. — La
«Merveille» de l'abbaye, le
cloître.
1858. MONT SAINT-MICHEL. — La
«Merveille» de l'abbaye, tympan du cloître.
1859. MONT SAINT-MICHEL. — La
«Merveille» de l'abbaye, tympans du cloître.
1860. MONT SAINT-MICHEL. — La
«Merveille» de l'abbaye, tympans du cloître.
1861. TRÉGUIER. — Le cloître.
1862. ROUEN. — Aître de Saint-
Maclou, ancien charnier du
XVI° siècle.
1863. TOULOUSE. — Le Musée.
1864. PARIS. — Intérieur de la chapelle
du Val de Grâce, l'autel.
1865. GUIMILIAU. — Baptistère de l'é-
glise.
1866. GUIMILIAU. — Le calvaire & l'é-
glise.
1867. SAINT-THÉGONNEC. — Le calvaire
& l'ossuaire.

IV. ARTS DÉCORATIFS : *Documents en portefeuilles.*

PORTEFEUILLE 28.

1868. PIERREFONDS. — Le château, chambre à coucher du seigneur.

1869. PIERREFONDS. — Le château, la salle des Preux.

1870. PIERREFONDS. — Salle des chevaliers de la Table ronde.

1871. BLOIS. — Intérieur Henri II. (Château.)

1872. BLOIS. — Le château, aile François Ier, chambre des ducs de Guise.

1873. BLOIS. — Le château, aile François Ier, cabinet Henri II.

1874. FONTAINEBLEAU. — Le palais, galerie François Ier.

1875. PARIS. — Salle François Ier. (Musée de Cluny.)

1876. ROUEN. — Palais de Justice, intérieur de la cour d'assises.

1877. FONTAINEBLEAU. — Le palais, la salle des Gardes.

1878. FONTAINEBLEAU. — Le palais, salon François Ier.

1879. PARIS. — Palais du Luxembourg, chambre à coucher de Marie de Médicis.

1880. FONTAINEBLEAU. — Le palais, le salon Louis XIII.

1881. FONTAINEBLEAU. — Le palais, salon des Tapisseries.

1882. FONTAINEBLEAU. — Le palais, chambre d'Anne d'Autriche.

1883. VERSAILLES. — Le palais, la chambre de Louis XIV.

1884. VERSAILLES. — Le palais, salle du Conseil.

1885. VERSAILLES. — Le palais, salon de l'Œil-de-Bœuf.

1886. PARIS. — Hôtel La Vrillière, cheminée de la galerie.

1887. VERSAILLES. — Le palais, le salon des Pendules.

1888. PARIS. — Hôtel Lambert, galerie des Le Brun.

1889. FONTAINEBLEAU. — Le palais, le salon de Madame de Maintenon.

1890. VERSAILLES. — Le palais, salle à manger de Louis XV.

1891. FONTAINEBLEAU. — Le palais, appartements de Louis XV.

1892. VERSAILLES. — Le palais, cabinet de travail de Louis XV.

1893. FONTAINEBLEAU. — Le palais, appartements de Louis XV, salon du Conseil.

1894. CHANTILLY. — Le château, salon des Singes.

1895. PARIS. — Hôtel Soubise (Archives), salle des Boucher.

1896. PARIS. — Hôtel La Vrillière, galerie Dorée.

1897. PARIS. — Imprimerie nationale, salon des Singes, de Huet.

1898. VERSAILLES. — Petit Trianon, intérieur Louis XVI.

1899. FONTAINEBLEAU. — Le palais, chambre à coucher de Marie-Antoinette.

1900. FONTAINEBLEAU. — Appartements de Marie-Antoinette, le salon de musique.

1901. VERSAILLES. — Grand Trianon, le salon des Glaces.

1902. VERSAILLES. — Le palais, salon de Marie-Antoinette.

1903. FONTAINEBLEAU. — Le palais, boudoir de Marie-Antoinette.

1904. COMPIÈGNE. — Le château, salon de Famille.

1905. PARIS. — Chambre époque Constituante (Exposition de 1900).

1906. PARIS. — Salon époque Directoire (Exposition de 1900).

1907. COMPIÈGNE. — Salon de Marie-Antoinette. (Le château.)

PORTEFEUILLE 29.

1908. PARIS. — Intérieur de la salle Perrin. (Musée des Arts décoratifs.)

1909. PARIS. — Intérieur de la salle Perrin. (Arts décoratifs.)

1910. PARIS. — Grande salle Louis XVI. (Louvre.)

1911. VERSAILLES. — Petit Trianon, la chambre de Marie-Antoinette.

1912. FONTAINEBLEAU. — La salle du Trône du palais.

1913. FONTAINEBLEAU. — Le palais, chambre à coucher de Napoléon.

1914. COMPIÈGNE. — Salon de musique. (Le château.)

1915. FONTAINEBLEAU. — La bibliothèque du palais, ancienne galerie de Diane.

1916. COMPIÈGNE. — Salle des fêtes du château.

1917. VERSAILLES. — Le palais, galerie des Batailles.

1918. COMPIÈGNE. — Le château, chambre à coucher de Napoléon III.

1919. PARIS. — Salon second Empire. (Exposition de 1900.)

1920. CHANTILLY. — La galerie des Cerfs. (Château.)

1921. PARIS. — Lit époque Louis XVI. (Arts décoratifs.)

1922. PARIS. — Berceau du roi de Rome. (Exposition de 1900.)

1923. FONTAINEBLEAU. — Le palais, berceau du roi de Rome.

1924. PAU. — Le château, berceau de Henri IV.

1925. CHAALIS. — Chambre Empire, un lit. (Château.)

1926. Collection privée. — Lit renaissance.

1927. PARIS. — Lit provenant du château d'Effiat. (Cluny.)

1928. FONTAINEBLEAU. — Le lit de Marie-Antoinette. (Palais.)

1929. PARIS. — Lit du XVIe siècle avec ciel de lit du XVIIe siècle. (Cluny.)

1930. Collection privée. — Dessin d'un lit du XVIIIe siècle.

1931. PARIS. — Lit Empire. (Arts décoratifs.)

1932. PARIS. — Lit en acajou, époque Empire. (Arts décoratifs.)

1933. PARIS. — Lit époque Louis XV. (Arts décoratifs.)

1934. PARIS. — Lit époque Louis XIV, avec tapisserie. (Arts décoratifs.)

1935. Collection privée. — Dessin d'un baldaquin du XVIIIe siècle.

1936. PARIS. — Chaise longue Louis XV. (Musée J. André.)

1937. Collection privée. — Dessin de canapé, par Delafosse.

1938. PARIS. — Meuble Louis XVI. (Musée J. André.)

1939. PARIS. — Meuble Louis XVI. (Musée J. André.)

1940. *PARIS.*—Banquette de la Savonnerie, au chiffre de Louis XV. (Musée J. André.)
1941. *PARIS.* — Tabouret & fauteuil Louis XVI. (Musée J. André.)
1942. *PARIS.* — Tabourets de Cour Louis XIV & Régence. (Musée J. André.)
1943. *PARIS.* — Sièges cardinalices, art franco-italien des xv⁰, xvi⁰ siècles. (Musée J. André.)
1944. *PARIS.* — Petit fauteuil bas Louis XV. (Musée J. André.)
1945. *PARIS.*—Bout de pied de chaise longue Louis XV. (Musée J. André.)
1946. *FONTAINEBLEAU.* — Pliant Empire. (Palais.)
1947. *PARIS.*— Sièges Empire. (Petit palais.)

PORTEFEUILLE 30.

1948. *PARIS.* — Cheminée de la banque de France.
1949. *PARIS.*—Cheminée Louis XIV. (Arts décoratifs.)
1950. *PARIS.*—Cheminée Louis XIV. (Arts décoratifs.)
1951. *ANGERS.*—Hôtel Pincé, cheminée Renaissance.
1952. *PIERREFONDS.* — Château, cheminée de la salle des Preux.
1953. *PARIS.*—Cheminée de Villeroy, par G. Pilon. (Louvre.)
1954. *DIJON.*—Cheminée monumentale, par Jean d'Angers. (Musée.)
1955. *BLOIS.* — Cheminée de la salle des Gardes d'honneur. (Château.)
1956. *LES ANDELYS.* — Cheminée de l'hôtel du Grand Cerf.

1957. *FONTAINEBLEAU.*—Cheminée du salon François I⁰ʳ. (Palais.)
1958. *PARIS.* — Cheminée d'une maison de Châlons-sur-Marne, par H. Lallement. (Musé de Cluny.)
1959. *PARIS.*—Cheminée d'une maison de Châlons-sur-Marne, par H. Lallement. (Cluny.)
1960. *PARIS.*—Cheminée d'une maison de Troyes. (Cluny.)
1961. *PARIS.*—Cheminée d'une maison du Mans. (Cluny.)
1962. *PARIS.*—Cheminée d'une maison du Mans. (Cluny.)
1963. *PARIS.*—Cheminée du xvi⁰ siècle. (Cluny.)
1964. *VERSAILLES.* — Petit Trianon, cheminée Louis XV.
1965. *VERSAILLES.* — Cheminée Louis XIV. (Palais.)
1966. *FONTAINEBLEAU.* — Cheminée Empire. (Palais.)
1967. *CHEVERNY.* — Cheminée de la salle des Gardes du château.
1968. *ECOUEN.*—Cheminée xvi⁰ siècle du château.
1969. *CHEVERNY.* — Cheminée de la salle à manger du château.
1970. *VERSAILLES.* — Une cheminée Louis XV du château.
1971. *PARIS.* — Une cheminée Louis XV. (Louvre.)
1972. *VERSAILLES.* — Cheminée Louis XIV, du château.
1973. *VERSAILLES.* — Cheminée Louis XV, de Trianon.
1974. *PARIS.* — «Après l'orage», par Charpentier, cheminée moderne.
1975. *VERSAILLES.* — Cheminée Louis XIV, du château.

1976. *VERSAILLES.* — Cheminée Louis XVI, du château.
1977. *ORLÉANS.* — Cheminée (XVIᵉ siècle).

PORTEFEUILLE 31.

1978—1978 40. 41 sièges des XVIᵉ, XVIIᵉ & XVIIIᵉ siècles.

PORTEFEUILLE 32.

1979—1979 40. 41 sièges des XVIIIᵉ & XIXᵉ siècles.

PORTEFEUILLE 33.

1980—1980 45. 46 tables & guéridons.

PORTEFEUILLE 34.

1981—1981 39. 40 commodes & guéridons.

PORTEFEUILLE 35.

1982—1982 39. 40 bahuts & meubles divers du XVIᵉ au XVIIIᵉ siècle.

PORTEFEUILLE 36.

1983—1983 40. 41 boiseries, stalles, portes, plafonds, panneaux, etc.

PORTEFEUILLE 37.

1984—1984 41. 42 planches : boiseries de Louis XIV au XIXᵉ siècle ; instruments de musique, voitures, chaises à porteurs, modèles d'architecture, etc.

PORTEFEUILLE 38.

1985—1985 39. 40 planches : appliques, girandoles, lustres, brûle-parfums, armes, soufflet.

PORTEFEUILLE 39.

1986—1986 39. 40 planches : chenets, coffres, coffrets.

PORTEFEUILLE 40.

1987—1987 40. 41 planches : pendules, cartels.
40 planches : flambeaux, candelabres, torchères, lanternes.

PORTEFEUILLE 41.

1988—1988 40. 41 planches : grilles & rampes.

PORTEFEUILLE 42.

1989—1989 39. 40 planches : balcons, enseignes, marteaux, pentures & serrures, clefs, argenterie, étain, bronzes.

PORTEFEUILLE 43.

1990—1990 39. 40 planches : ivoires & montres.

PORTEFEUILLE 44.

1991—1991 39. 40 planches : art religieux, vases, calices, colombes, reliquaires, etc.

PORTEFEUILLE 45.

1992—1992 39. 40 planches : art religieux, châsses, lutrins, statuettes, émaux, coffres à bijoux.

PORTEFEUILLE 46.

1993—1993 39. 40 planches : céramique, bijoux.

PORTEFEUILLE 47.

1994-1994[21]. 22 planches : vases.
1995—1995[20]. 21 cadres miroirs, toilettes.

PORTEFEUILLE 48.

1996—1996[34]. 35 planches : reliures, médailles, médaillons miniatures.

PORTEFEUILLE 49.

1997-1997[41]. 42 planches : éventails, dentelles, chaussures, étoffes, écrans, etc.

PORTEFEUILLE 50.

1998—1998[41]. 42 planches : tapisseries.

PORTEFEUILLE 51.

1999-1999[40]. 41 planches : paravents, peintures décoratives, décorations diverses.

PORTEFEUILLE 51. (*Suite.*)

TAPISSERIES.

2000. Tapisserie Renaissance. (Musée André.)
2000[1]. Tapisserie XIIIe siècle. Achille protégé par Thétis. (Musée André.)
2000[2]. Tapisserie XIIIe siècle. Enlèvement de Brseis par Achille. (Musée André.)

VITRAUX.

2000[3]. XVIe siècle : Le vaisseau de l'église. (Saint-Étienne-du-Mont.)
2000[4]. **Pinaigrier** : Le pressoir mystique. (Saint-Étienne-du-Mont.)
2000[5]. **Claude Henriet** : L'Assomption de la Vierge. (Saint-Germain-l'Auxerrois.)
2000[6]. **Pinaigrier** : Le jugement de Salomon. (Saint-Gervais.)
2000[7]. **Jean Cousin** : La Piscine probatique.

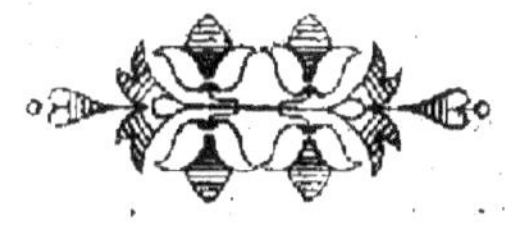

CHAPITRE III : LE XIXᵉ SIÈCLE.

Histoire de l'Art français.

LA RÉVOLUTION ET L'EMPIRE. — Un artiste domine toute cette période, le peintre Louis David, qui fut officiellement le chef de l'École française. Son art se caractérise par le dédain des gentillesses du xviiiᵉ siècle, un réalisme vigoureux qui se concilie parfois assez mal avec une admiration aveugle de l'art antique. Quelques artistes ont échappé à la domination de David, grâce à l'originalité de leur tempérament : Prudhon, un peintre d'une poésie rêveuse & tendre, & le baron Gros, le peintre attitré des batailles napoléoniennes.

Le baron Gérard s'est rendu illustre dans l'art du portrait; Girodet, bien que disciple de David, annonce déjà l'inspiration romantique. En face de ces grands maîtres classiques, beaucoup de petits maîtres, comme Boilly, Carle Vernet & Demarne, représentent d'une manière plus familière la société de leur temps.

LA PÉRIODE ROMANTIQUE. — Le romantisme, qui a si profondément transformé la littérature française, a également ment eu sa répercussion dans les arts plastiques. Géricault

& surtout Delacroix représentent le romantisme en peinture; on reconnaît le romantique à la fougue de son métier, de son imagination & de sa sensibilité, à son goût de la couleur, de l'exotisme. Delacroix a été combattu par Ingres, qui représente la tradition classique, c'est-à-dire le culte des anciens, la pureté un peu abstraite du dessin. Chacun de ces deux maîtres a eu ses sectateurs ; beaucoup d'artistes sont restés incertains entre les deux camps.

Chassériau annonçait un beau continuateur de Delacroix. Delaroche fut le peintre d'histoire favori de la Monarchie de Juillet. Horace Vernet a été l'illustrateur facile & abondant des campagnes d'Algérie. Ingres a laissé une lignée nombreuse d'élèves : Flandrin, Mottez, qui ont continué son style de peinture décorative. En face de ces grands maîtres, la société du règne de Louis-Philippe a fait un grand succès aux lithographes qui ont, comme Raffet & Charlet, popularisé l'image de l'empereur & de ses grognards ou, comme Daumier, mêlé l'image à la bataille politique.

LES PAYSAGISTES DE 1830. — Une des pures gloires de l'école française du XIXᵉ siècle est due au groupe des paysagistes qui, vers 1830, ont commencé à étudier la nature. Ces maîtres ont choisi fréquemment leurs motifs dans la forêt de Fontainebleau. Corot est le peintre-poète de la lumière, de l'aube & du crépuscule ; Rousseau peint les vieux chênes ; Diaz les sous-bois ; Daubigny les vallées vertes ; Troyon les ruminants. Une place à part doit être réservée à J.-F. Millet, qui a raconté avec une mâle poésie la vie du paysan, le rude labeur du tâcheron des champs.

Enfin, parmi les paysagistes, on a vu se distinguer une école particulière qui s'est spécialisée dans la peinture de l'Orient. Marilhat, Belly, Fromentin, Guillaumet, Ziem ont chacun, avec un style personnel, représenté des sites d'Asie-Mineure, de Constantinople ou d'Afrique. L'Orient, comme la forêt de Fontainebleau, est une découverte de l'époque romantique.

LA PEINTURE NATURALISTE ET LA TRADITION ACADÉMIQUE. — Vers 1850, le naturalisme, c'est-à-dire la copie fidèle & vigoureuse de la nature, même vulgaire, se présente d'une manière un peu provocante dans l'œuvre de Courbet. Puis le scandale s'apaise & ce naturalisme gagne plus ou moins la plupart des peintres. L'École traditionnelle & académique est d'ailleurs représentée par des peintres de grand talent, comme Baudry ou Delaunay.

Il est malaisé d'enfermer la diversité de l'art moderne dans une définition générale. Une des principales caractéristiques de cet art est justement la recherche de l'originalité individuelle. Les peintres modernes cherchent avant tout à ne ressembler à personne. Toutefois, on peut encore discerner quelques directions générales dans ce désordre.

Il en est, comme Cabanel, Gérôme, Delaunay, Lefebvre, dont le dessin manifeste l'influence d'Ingres. Des orientalistes comme Regnault se rattachent un peu à l'école romantique ; Fantin Latour, Legros, Ribot, Bonvin représentent un art d'un réalisme probe & d'une technique savante, parfois influencée par les vieux maîtres. Ricard, dans ses portraits pensifs, subit cette influence jusqu'à paraître parfois pasticher les Vénitiens. Bonnat doit davantage à la solidité des Espagnols, comme Ribera. Henner a repris le modelé du Corrège & de Prudhon. La peinture d'histoire a été renouvelée par le réalisme moderne & donne une vraisemblance d'une belle poésie aux reconstitutions du passé chez J.-P. Laurens & Cormon. La peinture militaire a été brillamment représentée par de Neuville & Detaille.

LA PEINTURE DÉCORATIVE. — Pendant tout le XIXe siècle, la peinture décorative a suivi les formes différentes des écoles qui se sont succédé ; Delacroix, Ingres, Delaroche, Baudry. Un style décoratif, original & vraiment adapté à nos idées modernes, ainsi qu'à l'architecture de notre temps, a été créé par Puvis de Chavannes dans le dernier tiers du XIXe siècle. Les œuvres éparses dans les monuments de France ou de l'étranger ont créé un univers, vivant & idéal à la fois, dont nos artistes modernes reprennent volontiers les figures allégoriques & la poésie des bois sacrés. La manière de Gustave Moreau, au contraire, au lieu de s'amplifier aux dimensions de la muraille à décorer, enferme en des panneaux restreints des figures précieusement peintes, allégories mythologiques remplies d'intentions poétiques.

LA PEINTURE IMPRESSIONNISTE. — Les peintres impressionnistes sont les continuateurs des peintres naturalistes. C'est le naturalisme qui a obligé les peintres à rendre la lumière du plein-air &, par suite, à analyser les reflets que la peinture traditionnelle ne reproduisait pas. Pour rendre cette lumière, il a fallu trouver une technique toute nouvelle. Les principaux de ces maîtres sont Manet, Monet & Sisley. On les appelle des «impressionnistes», parce que leur peinture rend des «impressions», c'est-à-dire des sensations instantanées & fugitives, au lieu d'analyser la réalité pour la rendre dans son essence.

On a l'habitude de classer Degas parmi les impressionnistes, bien que ces derniers soient surtout des peintres de la lumière, tandis que Degas est surtout un dessinateur du mouvement. Enfin Cézanne, qui se rattache par ses origines au groupe impressionniste, paraît avoir cherché des effets de composition & de solidité qui le distinguent de cette école. La réaction contre l'impressionnisme lui a donné une grande importance, & son influence sur la jeune école est aujourd'hui considérable.

LA SCULPTURE AU XIXe SIÈCLE. — Elle a suivi la même évolution que la peinture, mais avec moins de variété, comme il convient à un art de technique plus simple. Les passions romantiques animent l'œuvre de David d'Angers, & surtout de Rude & de Barye. Le naturalisme est représenté par Carpeaux & Dalou. L'École traditionnelle & classique a été féconde en artistes de grand talent, comme Pradier, Dubois, Chapu, &c... L'art de la médaille a été admirablement représenté par Chaplain, Roty & Daniel Dupuis.

D'ailleurs, ici comme en peinture, le classement par groupes homogènes est difficile à réaliser. Les artistes sont moins soumis qu'aux siècles précédents à une doctrine générale & ils obéissent davantage à leur tempérament individuel. Il est cependant aisé de noter chez la plupart de nos grands sculpteurs une tendance vers la recherche de la vie & du pittoresque, au détriment du «style», au sens ancien de ce mot. Le maître qui a eu la plus profonde influence sur les jeunes sculpteurs est Rodin, dont l'art, parfois difficile à définir, recherche avant tout l'intensité du caractère. Cet accent aboutit à une grande puissance d'effet, mais en sacrifiant parfois la beauté idéale telle que l'entendait l'école classique.

L'ART DÉCORATIF MODERNE. — Sous l'influence de causes variées d'ordre économique & esthétique, l'art décoratif avait paru, dans la première moitié du xix⁰ siècle, perdre beaucoup de sa vitalité & de son originalité. A l'encontre de leurs prédécesseurs, qui avaient trouvé un style original pour chaque génération, les décorateurs modernes longtemps se contentèrent d'imiter les plus beaux styles d'autrefois. Mais à la fin du siècle, dans le meuble, la céramique, le bijou, on vit naître des formes inédites & des manières nouvelles d'utiliser le bois, le métal & la terre. Nos artistes, sans rejeter les proportions générales des styles Louis XV & Louis XVI, ont trouvé des lignes qui par leur souplesse & leur simplicité nous paraissent répondre mieux aux conditions de notre vie moderne que les meubles d'ancien régime, destinés au luxe d'une société aristocratique. Le style décoratif a suivi la même évolution que le costume. Les arts du bijou & de la céramique ont connu une véritable renaissance & c'est un des attraits de nos salons annuels que les vitrines où l'on nous présente des objets de terre ou de métal que l'habileté de nos artistes a transformés en œuvres précieuses, de matière rare & de formes exquises.

CHAPITRE III : LE XIXᵉ SIÈCLE.

Guide du Musée.

I. SCULPTURE : *a) MOULAGES.*

2001. **Julien** : Nymphe & chèvre Amalthée.

2002. **Rude** : Mercure.

2003. **Rude** : Louis David.

2004. **Rude** : Pêcheur napolitain.

2005. **Rude** : Mᵐᵉ Cabet.

2006. **Rude** : Monge.

2007. **David d'Angers** : 25 médaillons.

2008. **David d'Angers** : Cuvier.

2009. **Barye** : Jaguar.

2010. **Carpeaux** : La princesse Mathilde.

2011. **Chapu** : Jeanne d'Arc.

2012. **Frémiet** : Chien blessé.

2013. **Rodin** : Puvis de Chavannes.

2014. **Rodin** : Dalou.

2015. **Rodin** : Minerve casquée.

2016. **Rodin** : Saint Jean-Baptiste.

I. SCULPTURE : *b) DOCUMENTS EN PORTEFEUILLE.*

PORTEFEUILLE A. (*Suite.*)

2017. **Chapu** : Jeanne d'Arc. (Louvre.)

2018. **Carpeaux** : La Danse. (Louvre.)

2019. **Paul Dubois** : Jeanne d'Arc. (Louvre.)

PORTEFEUILLE 10. (*Suite.*)

2020. **Rude** : Mercure. (Louvre.)

2021. **Rude** : Tombeau de Napoléon Iᵉʳ à Fixin. (Louvre.)

2022. **Rude** : Louis XVI jeune, statue en argent. (Château de Dampierre.)

2023. **Rude** : Tête de Christ. (Louvre.)

2024. **Rude** : Jeanne d'Arc. (Louvre.)

2025. **Pradier** : Psyché. (Louvre.)

2026. **Pradier** : Atalante. (Louvre.)

2027. **Pradier** : Sapho. (Louvre.)

2028. **Préault** : Clémence Isaure. (Jardin du Luxembourg.)

2029. **Carpeaux** : Napoléon III.

2030. **Carpeaux** : La fontaine du Luxembourg.
2031. **Carpeaux** : Flore. (Louvre.)
2032. **Carpeaux** : La Danse. (Louvre.)
2033. **Carpeaux** : Ugolin ; la princesse Mathilde.
2034. **Barye** : Jaguar au lièvre. (Louvre.)
2035. **Barye** : Lion assis. (Louvre.)
2036. **Barye** : Lion au serpent. (Louvre.)
2037. **Barye** : Aigle vainqueur. (Petit Palais, Paris.)
2038. **Barye** : Napoléon. (Petit Palais, Paris.)
2039. **C. Crauk** : Les Trois Grâces. (Petit Palais, Paris.)
2040. **Mercié** : Gloria victis.
2041. **Mercié** : «Quand même». (Jardin des Tuileries, Paris.)
2042. **Dubois** : Chanteur florentin.
2043. **Croisy** : Monument élevé à la mémoire du général Chanzy. (Le Mans.)
2044. **Frémiet** : Statue de du Guesclin. (Dinan.)
2045. **Dalou** : Le triomphe de la République. (Paris.)
2046. **Dalou** : Lavoisier. (Petit Palais, Paris.)
2047. **Dalou** : Femme assise. (Petit Palais, Paris.)
2048. **Dalou** : Triomphe de Silène.
2049. **Dalou** : Vase décoratif. (Petit Palais, Paris.)
2050. **Bourdelle** : Aphrodite. (Petit Palais, Paris.)

PORTEFEUILLE 52.

2051. **Girardon** : Buste de Louvois.
2052. **Coysevox** : Charles Lebrun.

2053. **Pigalle** : Mercure.
2054. **Houdon** : Louis XVI.
2055. **Chinard** : La comtesse Desaix, enfant.
2056. **Barye** : Thésée & le Minotaure.
2057. **Dalou** : Le paysan.
2058. **Falguière** : Tarcisius.
2059. **Barrias** : La nature se dévoilant.
2060. **Barrias** : Les premières funérailles.
2061. **Frémiet** : Pan & Ours.
2062. **Chapu** : Jeanne d'Arc.
2063. **Dampt** : Saint Jean enfant.
2064. **Rivière** : Les deux douleurs.
2065. **Constantin Meunier** : Puddleurs.
2066. **Constantin Meunier** : La glèbe.
2067. **Constantin Meunier** : Le débardeur.
2068. **Constantin Meunier** : Le marteleur.
2069. **Constantin Meunier** : L'industrie.
2070. **Rodin** : Ève.
2071. **Rodin** : La pensée.
2072. **Rodin** : Madame Vienna.
2073. **Rodin** : Le penseur.
2074. **Rodin** : L'âge d'airain.
2075. **Rodin** : Balzac.
2076. **Rodin** : Dalou.
2077. **Rodin** : Saint Jean-Baptiste.
2078. **Rodin** : Adam.
2079. **Rodin** : Le baiser.
2080. **Rodin** : Les bourgeois de Calais.
2081. **Bartholomé** : Figure pour un tombeau.
2082. **Dardé** : La femme aux serpents.
2083. **Bourdelle** : Beethoven.

II. PEINTURE : *a)* Reproductions encadrées.

2084. **David** : Le sacre. (Louvre.)

2085. **David** : Lavoisier & sa femme.

2086. **Prudhon** : Enlèvement de Psyché. (Louvre.)

2087. **Prudhon** : L'impératrice Joséphine. (Louvre.)

2088. **Prudhon** : Danseuse au triangle. (Dessin.)

2089. **Prudhon** : Danseuse au tambour de basque. (Dessin.)

2090. **Prudhon** : Les vendanges.

2091. **Prudhon** : L'amour rit des pleurs.

2092. **Prudhon** : Le char de la nuit.

2093. **Prudhon** : Frise : le Printemps.

2094. **Prudhon** : Frise : l'Hiver.

2095. **Rude** : La Marseillaise. (Arc de l'Étoile.)

2096. **Bartholomé** : Monument aux Morts. (Paris.)

2097. **Rodin** : Les bourgeois de Calais. (Calais.)

2098. **Ingres** : Homère déifié. (Louvre.)

2099. **Ingres** : La famille Stamaty. (Dessin.)

2100. **Ingres** : Mme Ingres. (Dessin.)

2101. **Ingres** : M. Leblanc. (Dessin.)

2102. **Ingres** : Général Dulong de Rosnay. (Dessin.)

2103. **Ingres** : Calamatta. (Dessin.)

2104. **Ingres** : Mme Des-
touches. (Dessin.)

2105. **Ingres** : Mme Bochet.
(Dessin.)

2106. **Ingres** : Paganini.
(Dessin.)

2107. **Delacroix** : La Liber-
té guidant le peuple.
(Louvre.)

2108. **Corot** : Ville-d'A-
vray. (Louvre.)

2109. **Corot** : Paysage.
(Louvre.)

2110. **Corot** : Paysage.
(Louvre.)

2111. **Millet** : La becquée.
(Louvre.)

2112. **Millet** : La becquée.
(Lille.)

2113. **Millet** : La veillée.
(Dessin.)

2114. **Millet** : Femme à la
vache. (Dessin.)

2115. **Millet** : Passage des
oies sauvages. (Des-
sin.)

2116. **Millet** : Puiseuse
d'eau. (Dessin.)

2117. **Millet** : Les premiers
pas. (Dessin.)

2118. **Courbet** : Chevreuils
sous bois. (Louvre.)

2119. **Manet** : Le bon
bock. (Louvre.)

2120. **Monet** : Westminster. (Louvre.)

2121. **Monet** : Le pont de
Londres. (Louvre.)

2122. **Puvis de Chavan-
nes** : La Sorbonne.
(Paris.)

2123. **Puvis de Chavan-
nes** : Ludus pro
patria. (Amiens.)

2124. **Puvis de Chavan-
nes** : Bois sacré.
(Lyon.)

2125. **Puvis de Chavan-
nes** : Enfance de
sainte Geneviève.
(Panthéon.)

2126. **Puvis de Chavannes** : Sainte Geneviève enfant. (Panthéon.)

2127. **Puvis de Chavannes** : Sainte Geneviève veillant sur Paris. (Panthéon.)

2128. **Carrière** : Le Christ. (Luxembourg.)

2129. **Carrière** : Maternité. (Luxembourg.)

2130. **Ch. Cottet** : Le port de Camaret. (Luxembourg.)

2131. **Harpignies** : Lever de lune. (Luxembourg.)

2132. **Henri Martin** : La Dalbade (Toulon.)

2133. **Henri Martin** : Les faucheurs (Toulon.)

2134. **René Ménard** : Le labourage. (Luxembourg.)

2135. **Henri Rivière** : La forêt.

2136. **Henri Rivière** : Les voiles.

II. PEINTURE : *b) DOCUMENTS EN PORTEFEUILLE.*

PORTEFEUILLE B. (*Suite.*)

2137. **David** : Le serment des Horace. (Louvre.)

2138. **David** : Distribution des Aigles. (Versailles.)

2139. **Gros** : Napoléon à Eylau. (Louvre.)

2140. **Géricault** : Le radeau de la Méduse. (Louvre.)

PORTEFEUILLE C.

2141. **Puvis de Chavannes** : Ave Picardia nutrix. (Amiens.)

2142. **Puvis de Chavannes** : Ave Picardia nutrix. (Amiens.)

2143. **Puvis de Chavannes** : Le Travail. (Amiens.)

2144. **Puvis de Chavannes** : La Guerre. (Amiens.)

2145. **Puvis de Chavannes** : La Paix. (Amiens.)

2146. **Puvis de Chavannes** : Hommage de Victor Hugo. (Amiens.)

2147. **Puvis de Chavannes** : Doux pays. (Amiens.)

2148. **Puvis de Chavannes** : Saint Jean Baptiste. (Amiens.)

2149. **Puvis de Chavannes** : Vision antique. (Amiens.)
2150. **Puvis de Chavannes** : Inspiration chrétienne. (Amiens.)
2151. **Puvis de Chavannes** : Le Rhône & la Saône. (Amiens.)
2152. **Puvis de Chavannes** : Inter artes & naturam. (Amiens.)
2153. **Puvis de Chavannes** : Marseille, colonie grecque. (Amiens.)
2154. **Puvis de Chavannes** : Marseille, porte de l'Orient. (Amiens.)
2155. **Puvis de Chavannes** : Les Muses acclamant le Génie. (Amiens.)
2156. **Puvis de Chavannes** : Virgile. (Amiens.)
2157. **Puvis de Chavannes** : Eschyle. (Amiens.)

PORTEFEUILLE D.

2158. **Baudry** : Les noces de Psyché.
2159. **Baudry** : Projet de plafond.
2160. **Baudry** : Charlotte Corday.
2161. **Baudry** : Venise.
2162. **Baudry** : Rome.
2163. **Baudry** : Psyché.
2164. **Delacroix** : Massacre de l'évêque de Liège.
2165. **Horace Vernet** : Combat de l'Habrah.
2166. **Couture** : Les Romains de la décadence.
2167. **Troyon** : Bœufs se rendant au labour.
2168. **Théod. Rousseau** : Sortie de forêt à Fontainebleau.
2169. **Millet** : L'Angelus.
2170. **Manet** : Le déjeuner sur l'herbe.
2171. **Manet** : L'enfant à l'épée.
2172. **Bastien Lepage** : Jeanne d'Arc écoutant les Voix.
2173. **Bastien Lepage** : Le prince de Galles.

2174. **Cabanel** : Phèdre.
2175. **Rosa Bonheur** : Cerf sous bois. (New York.)
2176. **Henner** : Madeleine.
2177. **De Neuville** : Champigny (30 nov. 1870).

PORTEFEUILLE 53.

2178. **Prudhon** : Le Christ en croix. (Louvre.)
2179. **Prudhon** : Le Christ, esquisse. (Louvre.)
2180. **Prudhon** : La Justice & la Vengeance divine poursuivant le Crime. (Louvre.)
2181. **Prudhon** : Les Arts & les Richesses. (Montpellier.)
2182. **Prudhon** : Tête de Vierge. (Dijon.)
2183. **Prudhon** : Psyché enchaîne l'Amour. (Paris.)
2184. **Prudhon** : La reine Hortense & ses deux fils. (Paris.)
2185. **Prudhon** : Tête de la Vengeance divine. (Paris.)
2186. **Prudhon** : La Toilette (Mademoiselle Mayer). (Louvre.)
2187. **Prudhon** : Le rêve du bonheur. (Paris.)
2188. **Prudhon** : L'impératrice Joséphine, dessin. (Paris.)
2189. **Prudhon** : Étude pour la Vengeance divine. (Paris.)
2190. **Prudhon** : La Renommée distribuant des couronnes. (Paris.)
2191. **Prudhon** : Portrait de M. Anthony. (Paris.)
2192. **Prudhon** : Préparatifs de guerre.
2193. **Prudhon** : Dessin pour une Psyché.
2194. **Prudhon** : Dessin pour un fauteuil.

2195. **Prudhon** : Dessin pour le berceau du roi de Rome.
2196. **Prudhon** : Dessin pour une colonie départementale.
2197. **Prudhon** : Minerve assise.
2198. **Prudhon** : La Constitution française.
2199. **Prudhon** : Les quatre saisons.
2200 **C. Mayer** : Le rêve du bonheur.
2201. **David (Jacques-Louis)** : Portrait de l'artiste. (Louvre.)
2202. **David (Jacques-Louis)** : Les Horace. (Louvre.)
2203. **David (Jacques-Louis)** : Enlèvement des Sabines. (Louvre.)
2204. **David (Jacques-Louis)** : Bélisaire demandant l'aumône. (Louvre.)
2205. **David (Jacques-Louis)** : Madame Seriziat. (Louvre.)
2206. **David (Jacques-Louis)** : La marquise d'Orvilliers.
2207. **David (Jacques-Louis)** : La maraîchère. (Lyon.)
2208. **David (Jacques-Louis)** : Joseph Bara. (Avignon.)
2209. **David (Jacques-Louis)** : Le flûtiste Devienne. (Bruxelles.)
2210. **Gros** : Le roi Murat.
2211. **Gros** : Le jeune de La Riboisière.
2212. **Gros** : Portrait du jeune Amalric.
2213. **Gérard** : L'Amour & Psyché. (Louvre.)
2214. **Gérard** : Madame Récamier.
2215. **Gérard** : Le roi Murat.
2216. **Navez** : La famille Hemptinne. (Bruxelles.)

PORTEFEUILLE 54.

2217. **Girodet** : Les funérailles d'Atala. (Louvre.)

2218 **Girodet** : Le sommeil d'Endymion. (Louvre.)
2219. **Girodet** : Lord Byron. (Montpellier.)
2220. **Guérin** : Le retour de Marcus Sextus. (Louvre.)
2221. **Guérin** : Aurore & Céphale. (Louvre.)
2222. **Granet** : Montaigne visitant le Tasse. (Montpellier.)
2223. **Granet** : La salle d'asile. (Aix.)
2224. **Granet** : Le cloître de Saint-Sauveur.
2225. **Boilly** : Arrière de la diligence en 1804. (Louvre.)
2226. **Boilly** : Réjouissance aux Champs-Élysées. (Louvre.)
2227. **Géricault** : Portrait d'un officier. (Rouen.)
2228. **Géricault** : Têtes de suppliciés. (Rouen.)
2229. **Géricault** : Cuirassier blessé quittant le feu. (Louvre.)
2230. **Géricault** : Officier de chasseurs à cheval chargeant (Rouen.)
2231. **Géricault** : Kléber. (Rouen.)
2232. **Géricault** : Étude pour le Radeau de la Méduse. (Rouen.)
2233. **Géricault** : Attelage de chevaux. (Rouen.)
2234. **Géricault** : Épisode militaire. (Rouen.)
2235. **Le Prince** : Débarquement de bestiaux à Honfleur. (Louvre.)
2236. **Le Prince** : Le passage de Susten. (Louvre.)
2237. **Isabey** : Le Roi de Rome. (Nancy.)
2238. **Isabey** : La plage de Dieppe. (Nancy.)
2239. **Ingres** : La source. (Louvre.)
2240. **Ingres** : Portrait de Granet. (Aix.)

2241. **Ingres** : Madame Rivière. (Louvre.)

2242. **Ingres** : Mademoiselle Rivière. (Louvre.)

2243. **Ingres** : Bertin l'aîné. (Louvre.)

2244. **Ingres** : La belle Zélie. (Rouen.)

2245. **Ingres** : Duchesse de Broglie.

2246. **Ingres** : Madame Montessier.

2247. **Ingres** : Virgile lisant l'Énéide. (Bruxelles.)

2248. **Ingres** : La chapelle sixtine.

2249. **Ingres** : Études de docteurs.

2250. **Ingres** : Le duc d'Orléans. (Versailles.)

2251. **Ingres** : Francesca & Paolo. (Chantilly.)

2252. **Ingres** : Le songe d'Ossian. (Louvre.)

2253. **Ingres** : Études pour Saint Symphorien. (Lille.)

2254. **Ingres** : Portrait d'homme.

2255. **Ingres** : Portrait de jeune homme.

PORTEFEUILLE 55.

2256. **Bachelier** : Charité romaine.

2257. **Poitreau** : Paysage.

2258. **Poitreau** : Paysage.

2259. **Pierre** : Bacchanale.

2260. **Madame Vigée-Lebrun** : Marie-Antoinette à la rose.

2261. **Lié Périn** : Mlle Duthé.

2262. **Prudhon** : Psyché. (Chantilly.)

2263. **Prudhon** : L'Amour rit des pleurs qu'il fait verser.

2264. **Prudhon** : L'Amour réduit à la raison.

2265. **Prudhon** : Lachésis ou la dévideuse.

2266. **Prudhon** : La Constitution française.

2267. **David** : Madame Récamier. (Louvre.)

2268. **David** : Bonaparte au Saint-Bernard. (Versailles.)

2269. **David** : Le comte Potocki.

2270. **David** : Monsieur Seriziat.

2271. **David** : Le conventionnel Gérard & sa famille. (Le Mans.)

2272. **David** : Pie VII & Caprara.

2273. **David** : Marat. (Bruxelles.)

2274. **David** : Mort de Socrate.

2275. **Gros** : Bonaparte à Arcole.

2276. **Girodet** : Portrait de Chateaubriand.

2277. **Gérard** : Madame Récamier. (Petit Palais.)

2278. **Gérard** : Madame Lœtitia.

2279. **Gérard** : Bonaparte. (Chantilly.)

2280. **Gérard** : Caroline Murat & ses enfants.

2281. **Géricault** : Les courses d'Epsom. (Louvre.)

2282. **Michel** : Les moulins de Montmartre. (Louvre.)

PORTEFEUILLE 56.

2283. **Ingres** : Son portrait à 24 ans. (Chantilly.)

2284. **Ingres** : Stratonice. (Chantilly.)

2285. **Ingres** : Vénus anadyomène. (Chantilly.)

2286. **Ingres** : Madame de Vauçay. (Chantilly.)

2287. **Ingres** : Napoléon empereur. (Invalides.)

2288. **Ingres** : Bonaparte premier consul. (Liége.)

2289. **Ingres** : Jupiter & Thétis. (Aix.)

2290. **Ingres** : Le vœu de Louis XIII. (Montauban.)

2291. **Ingres** : Madame de Senones. (Nantes.)

2292. **Ingres** : L'odalisque à l'esclave.
2293. **Ingres** : L'âge d'or.
2294. **Ingres** : Étude.
2295. **Ingres** : Andromède.
2296. **Ingres** : Madame Panckoukc.
2297. **Ingres** : La famille Stamaty.
2298. **Flandrin** : Les pénitents de la mort.
2299. **Mottez** : Portrait de femme.
2300. **Delacroix** : Médée.
2301. **Delacroix** : La Grèce expirante sur les ruines de Missolonghi.
2302. **Delacroix** : Justice de Trajan.
2303. **Delacroix** : Fantasia arabe. (Montpellier.)
2304. **Delacroix** : Jésus au jardin des Oliviers. (Église Saint-Paul.)
2305. **Delacroix** : Héliodore chassé du Temple. (Église Saint-Sulpice.)
2306. **Delacroix** : Jacob & l'ange. (Église Saint-Sulpice.)
2307. **Delacroix** : Dante & Virgile aux enfers. (Louvre.)
2308. **Delacroix** : Entrée des croisés à Constantinople. (Louvre.)
2309. **Delacroix** : Le 28 juillet 1830. (Louvre.)
2310. **Delacroix** : Sardanapale. (Louvre.)
2311. **Delacroix** : Bataille de Taillebourg. (Versailles.)
2312. **Decamps** : La sortie de l'école turque. (Chantilly.)
2313. **Vernet** : Wagram. (Versailles.)

PORTEFEUILLE 57.

2314. **Flandrin** : Figure d'étude. (Louvre.)
2315. **Flandrin** : Portrait de jeune fille. (Louvre.)

2316. **Ary Scheffer** : Saint-Augustin & Sainte-Monique. (Louvre.)
2317. **Ary Scheffer** : Le Christ au roseau. (Louvre.)
2318. **Heim** : Charles X distribuant des récompenses. (Louvre.)
2319. **Hersent** : Delphine Gay.
2320. **Bellangé** : Une revue sous l'Empire. (Louvre.)
2321. **Vernet H.** : Défense de la Barrière de Clichy. (Louvre.)
2322. **Berjon** : Le cadeau. (Lyon.)
2323. **Berjon** : Fleurs & fruits dans une corbeille. (Lyon.)
2324. **Berjon** : Coquillages & madrépores. (Lyon.)
2325. **Saint-Jean** : Fleurs & fruits. (Lyon.)
2326. **Vernay** : Nature morte. (Lyon.)
2327. **Delacroix** : La barque de don Juan. (Louvre.)
2328. **Delacroix** : Noce juive au Maroc. (Louvre.)
2329. **Delacroix** : Scène des massacres de Scio. (Louvre.)
2330. **Delacroix** : Portrait de Chopin. (Louvre.)
2331. **Delacroix** : Femmes d'Alger dans leur appartement. (Louvre.)
2332. **Delacroix** : Bataille de Nancy. (Nancy.)
2333. **Delacroix** : Orphée & Eurydice. (Montpellier.)
2334. **Delacroix** : Dessin ou la Justice de Trajan. (Rouen.)
2335. **Fragonard (Évariste)** : Boissy d'Anglas.
2336. **Delaroche** : Les enfants d'Édouard. (Louvre.)
2337. **Boulanger** : Portrait de Balzac. (Tours.)
2338. **Decamps** : Les sonneurs. (Louvre.)

2339. **Decamps** : Le Christ au prétoire. (Louvre.)
2340. **Decamps** : Le chemin de Toulon. (Montpellier.)
2341. **Charlet** : La retraite de Russie. (Lyon.)
2342. **Raffet** : Ils grognaient sans cesse... & marchaient toujours.
2343. **Raffet** : De quoi vous plaignez-vous ? (Lyon.)
2344. **Raffet** : Le réveil.
2345. **Raffet** : La revue nocturne.
2346. **Gavarni** : Les partageuses.
2347. **Gavarni** : Le retour du marché.

PORTEFEUILLE 58.

2348. **Daumier** : L'artiste. (Reims.)
2349. **Daumier** : Les amateurs.
2350. **Daumier** : L'avocat & l'accusé.
2351. **Daumier** : Les avocats.
2352. **Daumier** : Le constitutionnel.
2353. **Daumier** : Un bourgeois.
2354. **Daumier** : L'acteur.
2355. **Daumier** : Les médecins.
2356. **Daumier** : Le linge.
2357. **Daumier** : L'amateur d'estampes. (Petit Palais.)
2358. **Daumier** : Le joueur d'orgue. (Petit Palais.)
2359. **Daumier** : La parade. (Louvre.)
2360. **Daumier** : La soupe. (Louvre.)
2361. **Daumier** : Crispin & Scapin. (Louvre.)
2362. **Daumier** : Enfoncé La Fayette!
2363. **Eug. Lami** : La bibliothèque de Chaalis en 1856. (Chaalis.)
2364. **Winterhalter** : L'Impératrice Eugénie. (Versailles.)
2365. **Carpeaux** : Napoléon III, dessin. (Louvre.)

2366. **Carpeaux** : Bal aux Tuileries, dessin. (Louvre.)
2367. **Carpeaux** : Impératrice Eugénie, dessin. (Louvre.)
2368. **Carpeaux** : Bas-relief, dessin. (Louvre.)
2369. **Carpeaux** : Tête de Marseillaise, dessin. (Louvre.)
2370. **Carpeaux** : Combat de taureau. (Louvre.)
2371. **Dehodencq** : Portrait de l'artiste. (Louvre.)
2372. **Bida** : Jésus chez Simon..
2373. **Fromentin** : Chasse au faucon en Algérie. (Louvre.)
2374. **Fromentin** : Campement arabe. (Louvre.)
2375. **Fromentin** : Chasse au faucon. (Reims.)
2376. **Belly**. Caravane se rendant à La Mecque. (Louvre.)
2377. **Chassériau** : La toilette.
2378. **Chassériau** : La baigneuse. (Avignon.)
2379. **Chassériau** : Tepidarium. (Louvre.)
2380. **Chassériau** : Suzanne au bain. (Louvre.)
2381. **G. Moreau** : La Chimère.
2382. **Courbet** : Portrait de l'artiste. (Besançon.)
2383. **Courbet** : Courbet au chien. (Petit Palais.)
2384. **Courbet** : L'homme à la ceinture de cuir. (Louvre.)
2385. **Courbet** : La dame de Francfort.

PORTEFEUILLE 59.

2386. **Huet** : L'inondation de Saint-Cloud. (Louvre.)
2387. **Dupré (Jules)** : L'étang. (Louvre.)

2388. **Dupré (Jules)** : Le vieux chêne. (Louvre.)
2389. **Corot** : Le pont de Mantes.
2390. **Corot** : La charrette.
2391. **Corot** : Le beffroi de Douai. (Louvre.)
2392. **Daubigny** : Laveuses au bord de l'Oise.
2393. **Daubigny** : Les vendanges en Bourgogne. (Louvre.)
2394. **Daubigny** : Le printemps. (Louvre.)
2395. **Daubigny** : Les îles vierges de Bezacs. (Avignon.)
2396. **Chintreuil** : L'espace. (Louvre.)
2397. **Chintreuil** : Remise de chevreuils. (Louvre.)
2398. **Rousseau** : Bords de la Loire. (Louvre.)
2399. **Rousseau** : Village sous les arbres. (Louvre.)
2400. **Rousseau** : Le printemps. (Louvre.)
2401. **Diaz** : Mare dans les Landes. (Louvre.)
2402. **Diaz** : La fée aux perles. (Louvre.)
2403. **Troyon** : Le retour à la ferme. (Louvre.)
2404. **Troyon** : Les hauteurs de Suresnes. (Louvre.)
2405. **Troyon** : Le passage du gué. (Louvre.)
2406. **Troyon** : Vaches normandes. (Montpellier.)
2407. **Français** : Le printemps. (Louvre.)
2408. **Marilhat** : Lisière de forêt. (Lyon.)
2409. **Marilhat** : Mosquée du Caire. (Louvre.)
2410. **Millet (J.-J.)** : Le jardin de Millet, dessin. (Montpellier.)
2411. **Millet (J.-J.)** : La bouillie, dessin. (Montpellier.)
2412. **Millet (J.-J.)** : Mère & enfant, dessin. (Reims.)
2413. **Millet (J.-J.)** : Les baigneuses, dessin. (Lille.)
2414. **Millet (J.-J.)** : La baratteuse. (Louvre.)
2415. **Bonvin** : Le banc des pauvres.
2416. **Bonvin** : La lettre de recommandation. (Besançon.)
2417. **Chenavard** : Carton pour le Panthéon : Débuts du christianisme : Les catacombes. (Lyon.)
2418. **Chenavard** : Carton pour le Panthéon : Débuts du christianisme : Les catacombes. (Lyon.)
2419. **Chenavard** : Carton pour le Panthéon : Luther à Wittemberg. (Lyon.)
2420. **Chenavard** : Carton pour le Panthéon : Louis XIV à Versailles. (Lyon.)
2421. **Chenavard** : Portrait de Madame d'Althon Sée (Lyon.)

PORTEFEUILLE 60.

2422. **Delaroche** : Assassinat du duc de Guise. (Chantilly.)
2423. **Delaroche** : Martyre chrétienne. (Louvre.)
2424. **Chassériau** : Le Père Lacordaire. (Louvre.)
2425. **Ricard** : La marquise Landolfo Carcano. (Petit Palais.)
2426. **Ricard** : Portrait de Ziem. (Petit Palais.)
2427. **Ricard** : Portrait de jeune fille.
2428. **Corot** : Le bain de Diane.
2429. **Corot** : Dans l'atelier.

2430. **Corot** : Le coup de vent.
2431. **Corot** : Danse italienne.
2432. **Corot** : Passage de rivière.
2433. **Corot** : Femme au livre.
2434. **Corot** : Étude de femme.
2435. **Corot** : Le pont de Mantes. (Louvre.)
2436. **Corot** : Baptême de Jésus-Christ.
2437. **Corot** : Marissel. (Louvre.)
2438. **Corot** : La cathédrale de Chartres. (Louvre.)
2439. **Corot** : Bords du lac.
2440. **Corot** : La cathédrale de Mantes.
2441. **Corot** : La route d'Arras. (Louvre.)
2442. **Rousseau** : Sortie de forêt à Fontainebleau. (Louvre.)
2443. **Rousseau** : Le marais dans les Landes. (Louvre.)
2444. **Diaz** : Forêt de Fontainebleau.
2445. **Daubigny** : L'écluse d'Optenoz.
2446. **Daubigny** : Bords de l'Oise.
2447. **Troyon** : Vaches à l'abreuvoir.
2448. **Charles Jacque** : Moutons au pâturage.
2449. **Millet** : Les glaneuses. (Louvre.)
2450. **Millet** : Le printemps. (Louvre.)
2451. **Millet** : L'église de Gréville. (Louvre.)

PORTEFEUILLE 61.

2452. **Millet** : Fileuse auvergnate. (Louvre.)
2453. **Millet** : La Becquée.
2454. **Millet** : Berger & troupeau. (Lille.)
2455. **Millet** : La femme au puits. (Louvre.)
2456. **Courbet** : L'atelier du peintre. (Louvre.)

2457. **Courbet** : L'enterrement à Ornans. (Louvre.)
2458. **Courbet** : Les demoiselles des bords de la Seine. (Petit Palais.)
2459. **Courbet** : Le ruisseau du Puits noir. (Montpellier.)
2460. **Courbet** : Bonjour Monsieur Courbet. (Montpellier.)
2461. **Courbet** : Baudelaire. (Montpellier.)
2462. **Courbet** : Les baigneuses. (Montpellier.)
2463. **Courbet** : Proudhon & ses enfants. (Petit Palais.)
2464. **Courbet** : La sieste. (Petit Palais.)
2465. **Manet** : Olympia. (Louvre.)
2466. **Manet** : Ballet espagnol.
2467. **Manet** : Le tub.
2468. **Manet** : Portrait d'Émile Zola.
2469. **Manet** : Portrait d'Eva Gonzalès.
2470. **Manet** : Le vieux musicien.
2471. **Manet** : Le déjeuner sur l'herbe.
2472. **Manet** : Le buveur d'absinthe.
2473. **Manet** : La musique aux Tuileries.
2474. **Manet** : Exécution de Maximilien.
2475. **Monet** : Le bar aux Folies-Bergère.
2476. **Berthe Morizot** : Le lever.
2477. **Berthe Morizot** : La toilette.
2478. **Degas** : Les malheurs de la ville d'Orléans.
2479. **Degas** : Sémiramis.
2480. **Degas** : Répétition à l'Opéra.
2481. **Degas** : L'«étoile».
2482. **Degas** : Voiture aux courses.
2483. **Degas** : Danseuse rattachant son brodequin.
2484. **Degas** : La Famille.

PORTEFEUILLE 62.

2485. **Renoir** : La loge.
2486. **Renoir** : Joueuse de guitare.
2487. **Renoir** : La danse à la ville.
2488. **Renoir** : La danse à la campagne.
2489. **Renoir** : La tasse de thé.
2490. **Renoir** : Le déjeuner des canotiers.
2491. **Renoir** : Le moulin de la Galette.
2492. **Monet** : Pont du chemin de fer à Londres.
2493. **Monet** : Le port d'Argenteuil.
2494. **Monet** : La cathédrale de Rouen.
2495. **Monet** : Femmes dans un jardin.
2496. **Monet** : Falaise d'Étretat.
2497. **Monet** : Westminster.
2498. **Monet** : L'inondation.
2499. **Monet** : Les déchargeurs de charbon.
2500. **Monet** : Les nymphéas.
2501. **Monet** : La meule.
2502. **Monet** : Paquet de mer à Étretat.
2503. **Monet** : Waterloo bridge.
2504. **Monet** : Giverny, les coquelicots.
2505. **Monet** : Antibes.
2506. **Monet** : La gare Saint-Lazare.
2507. **Sisley** : La Seine à Bougival.
2508. **Sisley** : Temps de neige.
2509. **Sisley** : Bords de la Seine.
2510. **Sisley** : Effet de neige.
2511. **Sisley** : Le canal du Loing.
2512. **Sisley** : Moret-sur-Loing.
2513. **Cézanne** : L'estaque.
2514. **Cézanne** : La maison du pendu.

PORTEFEUILLE 63

2515. **Pissarro** : Crystal palace.
2516. **Pissarro** : Le jardin des Tuileries.
2517. **Pissarro** : Le Louvre vu du Pont-Neuf.
2518. **Pissarro** : Le Cours la Reine, à Rouen.
2519. **Pissarro** : Rue de village sous la neige.
2520. **Toulouse Lautrec** : Étude.
2521. **Tarrand** : Les bateaux.
2522. **Lebourg** : Temps de pluie.
2523. **Lépine** : Vue sur la Seine.
2524. **Legras** : Ex-voto.
2525. **Fantin Latour** : Autour du piano.
2526. **Fantin Latour** : A table.
2527. **Fantin Latour** : L'atelier des Batignolles.
2528. **Fantin Latour** : Tentation de saint Antoine.
2529. **Fantin Latour** : Hommage à Delacroix.
2530. **Fantin Latour** : Coin de table, Verlaine, Rimbaud, etc.
2531. **Fantin Latour** : La nuit.
2532. **Carrière** : Christ en croix.
2533. **Carrière** : Portrait de Verlaine.
2534. **Carrière** : Petite fille au pot.
2535. **Carrière** : Intimité.
2536. **Carrière** : Maternité.
2537. **Carrière** : Alphonse Daudet & sa fille.
2538. **Puvis de Chavannes** : Pauvre pêcheur.
2539. **Puvis de Chavannes** : L'Été, esquisse.
2540. **Puvis de Chavannes** : L'Hiver, esquisse.
2541. **Puvis de Chavannes** : La Céramique.
2542. **Puvis de Chavannes** : La Poterie.

2543. **Puvis de Chavannes** : L'Espérance.

2544. **Puvis de Chavannes** : Jeunes filles au bord de la mer.

PORTEFEUILLE 64.

2545. **Puvis de Chavannes** : Sainte Ragonde. (Poitiers.)

2546. **Puvis de Chavannes** : Charles Martel. (Poitiers.)

2547. **Puvis de Chavannes** : L'Automne. (Lyon.)

2548. **Puvis de Chavannes** : Tamaris.

2549. **Puvis de Chavannes** : L'Enfant prodigue.

2550. **Puvis de Chavannes** : Jeune fille à sa toilette.

2551. **Puvis de Chavannes** : Madame de Cantacuzène.

2552. **Puvis de Chavannes** : 8 dessins divers.

2553. **Benonville** : Saint François d'Assise bénit sa ville natale. (Louvre.)

2554. **Delaunay** : Diane. (Rouen.)

2555. **Hébert** : La malaria. (Luxembourg.)

2556. **Hébert** : Les Cervarolles. (Luxembourg.)

2557. **Cabanel** : Naissance de Vénus. (Luxembourg.)

2558. **Bouguereau** : Le guêpier.

2559. **Bouguereau** : Notre-Dame-des-Anges.

2560. **Baudry** : La Vérité.

2561. **Baudry** : Musique espagnole.

2562. **Baudry** : Musique égyptienne.

2563. **Baudry** : Les douze dieux : Jupiter.

2564. **Baudry** : Les douze dieux : Junon.

2565. **Baudry** : Les douze dieux : Vulcain.

2566. **Baudry** : Les douze dieux : Vénus.

2567. **Baudry** : Les douze dieux : Mars.

2568. **Baudry** : Les douze dieux : Neptune.

2569. **Baudry** : Les douze dieux : Minerve.

2570. **Baudry** : Les douze dieux : Mercure.

2571. **Baudry** : Les douze dieux : Cérès.

2572. **Baudry** : Les douze dieux : Apollon.

2573. **Baudry** : Les douze dieux : Diane.

2574. **Baudry** : Les douze dieux : Pluton.

2575. **Baudry** : Portrait de Charles Garnier.

PORTEFEUILLE 65.

2576. **Robert Fleury** : Le colloque de Poissy. (Luxembourg.)

2577. **Lefebvre** : La Vérité. (Luxembourg.)

2578. **Regnault** : Le Maréchal Prim. (Louvre.)

2579. **Regnault** : Exécution à Grenade. (Louvre.)

2580. **Regnault** : Portrait de Mademoiselle Nelly Jacquemart.

2581. **Meissonier** : Le portrait du sergent.

2582. **Meissonier** : La halte.

2583. **Meissonier** : Cavalier en vedette.

2584. **Bonnat** : Christ en Croix. (Luxembourg.)

2585. **Bonnat** : Monseigneur Lavigerie. (Luxembourg.)

2586. **Merson** : Étude d'enfant, dessin. (Petit Palais.)
2587. **Merson** : Étude d'enfant, dessin. (Petit Palais.)
2588. **Merson** : Étude d'enfant, dessin. (Petit Palais.)
2589. **Breton** : Le rappel des glaneuses. (Luxembourg.)
2590. **Breton** : Les communiantes.
2591. **Rosa Bonheur** : Labourage nivernais. (Luxembourg.)
2592. **Rosa Bonheur** : Cheval blanc.
2593. **Bastien Lepage** : Saison d'octobre.
2594. **Bastien Lepage** : La communiante.
2595. **Bastien Lepage** : Sarah Bernhardt.
2596. **Dagnan** : Bretonnes au pardon.
2597. **Dagnan** : Mère & enfant. (Petit Palais.)
2598. **Neuville (A. de)** : Campement au Bourget. (Dijon.)
2599. **Detaille** : Le rêve.
2600. **Morot** : Rezonville.
2601. **Frémiet** : Singeries.
2602. **Manet** : L'Automne. (Nancy.)
2603. **Boudin** : Honfleur.
2604. **Jongkind** : Canal en Hollande.
2605. **Guys** : Au bar.
2606. **Cézanne** : Portrait de l'artiste.
2607. **Cézanne** : Les joueurs de cartes.
2608. **Cézanne** : La partie de cartes.
2609. **Cézanne** : Le village d'Anvers.
2610. **Cézanne** : Le pas de Bouffau.
2611. **Renoir** : Baigneuse.

PORTEFEUILLE 66.

2612. **Legros** : Portrait de son père.
2613. **Maufra** : La pointe du Raz.
2614. **Van Gogh** : Portrait de l'artiste.
2615. **Van Gogh** : Moulin à vent.
2616. **Van Gogh** : Le pont-levis.

2617. **Van Gogh** : Portrait d'homme.
2618. **Gauguin** : Vieillard au bâton.
2619. **Carrière** : Jeune mère.
2620. **Carrière** : Portrait d'enfant.
2621. **Carrière** : Élise riant.
2622. **Carrière** : Baiser du soir.
2623. **Carrière** : Le pied dans la main.
2624. **Guérin** : La lecture.
2625. **Willette** : Valmy. (Luxembourg.)
2626. **Willette** : Paris. (Petit Palais.)
2627. **La Touche** : Baigneuses. (Petit Palais.)
2628. **Maurice Denis** : Maternité. (Petit Palais.)
2629. **Maurice Denis** : La plage. (Petit Palais.)
2630. **Rodin** : Étude de femme, dessin.
2631. **Rodin** : Javanaise, dessin.
2632. **Wlaminck** : Paysage.

PORTEFEUILLE 67.

2633. **Ménard** : Temple antique.
2634. **Cazin** : Soir de fête.
2635. **Ziem** : Le port de Marseille.
2636. **Ziem** : Le coup de canon.
2637. **Gustave Moreau** : Orphée.
2638. **Gustave Moreau** : L'Apparition
2639. **Gustave Moreau** : La fée aux griffons.
2640. **Gustave Moreau** : Le poète arabe.
2641. **Gustave Moreau** : Dame à la licorne.
2642. **Gustave Moreau** : Prométhée.
2643. **Gustave Moreau** : Léda.
2644. **Henner** : Biblis.
2645. **Henner** : La liseuse.
2646. **Henner** : Églogue.
2647. **Henner** : Naïade.
2648. **Bouguereau** : La Vierge consolatrice.
2649. **Delaunay** : Peste à Rome.

2650. **Baudry** : Le jugement de Pâris.
2651. **Chaplin** : Jeune fille.
2652. **Chaplin** : Joueurs de loto.
2653. **L. O. Merson** : Saint François d'Assise prêchant aux poissons.
2654. **L. O. Merson** : Le loup d'Agubbio.
2655. **Bastien Lepage** : Les foins.
2656. **Dagnan** : La noce chez le photographe.
2657. **Dagnan** : Le pain bénit.
2658. **Lhermitte** : Les Halles. (Petit Palais.)
2659. **Lhermitte** : La paye des moissonneurs. (Luxembourg.)
2660. **Besnard** : Femme se chauffant. (Luxembourg.)
2661. **Besnard** : Entre deux rayons. (Luxembourg.)
2662. **Besnard** : Portrait.
2663. **Besnard** : Le pianiste Sauer.

PORTEFEUILLE 68.

2664. **Dinet** : Esclave d'amour et lumière des yeux. (Luxembourg.)
2665. **Le Sidaner** : La Table. (Luxembourg.)

2666. **Raffaëlli** : Clemenceau. (Luxembourg.)
2667. **Cottet** : Le port de Camaret. (Luxembourg.)
2668. **Cottet** : Au pays de la mer. L'Adieu. (Luxembourg.)
2669. **Cottet** : La Brume. (Luxembourg.)
2670. **Henri Martin** : Panneau décoratif. (Toulouse.)
2671. **Henri Martin** : Panneau décoratif. (Toulouse.)
2672. **Henri Martin** : Chacun sa chimère.
2673. **Aman Jean** : Goûter sur l'herbe. (Arts décoratifs.)
2674. **Maurice Denis** : L'Annonciation.
2675. **La Touche** : Tentation. (Petit Palais.)
2676. **Valotton** : Étude de femme. (Luxembourg.)
2677. **Lucien Simon** : La Procession. (Luxembourg.)
2678. **Lévy-Dhurner** : Portrait de Rodenbach. (Luxembourg.)
2679. **Blanche** : Theulow & sa famille. (Luxembourg.)
2680. **A. Faivre** : Femme à l'éventail. (Luxembourg.)

III. ARCHITECTURE : *Documents en portefeuille.*

PORTEFEUILLE 23. (*Suite.*)
2681. *Paris.* — La colonne Vendôme.
2682. *Paris.* — Le Petit Palais, cour intérieure.

2683. *Paris.* — Le palais du Trocadéro.
2684. *Paris.* — Le Petit Palais.
2685. *Paris.* — La Tour Eiffel.

2686. MARSEILLE. — Le palais Long-
champ.
2687. PARIS. — Le Grand Palais.
2688. MONTE-CARLO. — Le théâtre du
Casino.
2689. MONTE-CARLO. — Le Casino.
2690. PARIS. — Le palais de la Chambre des Députés.
2691. PARIS. — Le pont Alexandre III
& les nouveaux palais.

PORTEFEUILLE

2692. PARIS. — La chapelle du Val de
Grâce.

2693. PARIS. — L'église Saint-Sulpice.
2694. PARIS. — Le Panthéon.
2695. PARIS. — La Madeleine.
2696. PARIS. — L'église Saint-Augustin.
2697. PARIS. — L'église de la Trinité.
2698. MARSEILLE. — Notre-Dame de
la Garde.
2699. MARSEILLE. — La cathédrale.
2700. LYON. — Ancien sanctuaire &
basilique de Fourvière.

IV. GRAVURE : ORIGINAUX [1].

2701. **G. Profit** : Mme de
Pompadour, d'a-
près Boucher.
2702. **Desboutins** : Étude
de femme. (Gra-
vure originale.)
2703. **Baldenweck** : Hôtel
de Sens. (Gravure
originale.)
2704. **Focillon** : L'orage,
d'après Everdingen.
2705. **Lebouteux** : Les halles, d'après Lher-
mitte.

2706. **Bracquemont** : Boissy d'Anglas, d'a-
près Delacroix.
2707. **Waltner** : Le repos
de la sultane, d'a-
près Ziem.
2708. **Lefort** : La sieste,
d'après Courbet.
2709. **Lopisgisch** : Paysage, d'après Van
der Neer.
2710. **Sulpis** : Le triomphe
de la République,
d'après Dalou.

[1] Gravures offertes par la Ville de Paris.

2711. **Jules Jacquet** : Le Triomphe de l'art, d'après Bonnat.

2712. **Salmon** : Apothéose de Napoléon Ier, d'après Ingres.

2713. **Salmon** : Le mot d'ordre, d'après Leleux.

2714. **Didier** : La Sagesse & la Vérité, d'après Prudhon.

2715. **Maurou** : Louis le Gros octroie les chartes, d'après J.-P. Laurens.

2716. **Lunois et Benart** : Enrôlements volontaires, d'après Ed. Detaille.

2717. **Lunois et Bahuet** : Retour de la grande armée, d'après Ed. Detaille.

2718. **Bahuet** : Faust au sabbat, d'après Chifflart.

2719. **Bahuet** : Faust au combat, d'après Chifflart.

2720. **Coppier** : Élisabeth d'Autriche, d'après Clouet. (Gravure en couleurs.)

2721. **Giroux** : Portrait d'inconnu, d'après Prudhon.

2722. **Fonce** : Bagatelle. (Grav. originale.)

2723. **Champollion** : La voûte d'acier, d'après J.-P. Laurens.

2724. **Crauck** : Saint Vincent de Paul, d'après Bonnat.

2725. **Outhwaite** : Le Printemps, d'après Léon Coigniet.

2726. **Outhwaite** : L'Été, d'après Léon Coigniet.

2727. **Outhwaite** : L'Automne, d'après Léon Coigniet.

2728. **Outhwaite** : L'Hiver, d'après Léon Coigniet.

2729. **Waltner** : Victor Hugo offrant sa lyre, d'après Puvis de Chavannes.

2730. **Bouisset** : Souvenir de fête, d'après Cazin.

2731. **Barbotin** : La musique, d'après Gervex.

2732. **Taverne** : La moisson, d'après G. Bertrand.

2733. **Taverne** : La vendange, d'après G. Bertrand.

2734. **Deblois** : Entrée de Louis XI, d'après Tattegrain.

2735. **Dillon** : Retour du troupeau, d'après K. Cartier.

2736. **Mayeur** : L'assemblée dans un parc, d'après Pater.

2737. **Raffaëlli** : Le port Saint - Nicolas. (Gravure originale.)

2738. **Lunois** : L'Été, d'après Puvis de Chavannes.

2739. **Lunois** : L'Hiver, d'après Puvis de Chavannes.

2740. **Damman** : La bergère, d'après Millet.

2741. **Greux** : Hymne de la terre au soleil, d'après G. Bertrand.

2742. **Mordant** : Apothéose des sciences, d'après Albert Besnard.

2743. **Laguillermie** : Madame Récamier, d'après Gérard.

2744. **Prunaire** : L'amateur d'estampes, d'après Daumier.

2745. **Prunaire** : L'escalier du palais, d'après Daumier.

V. MÉDAILLES : Originaux. [1]

2746. **A. Bovy** : Médaille commémorative de la construction des halles centrales de Paris (1857).

2747. **Alphée Dubois** : Médaille commémorative de l'inauguration de l'église Saint-Augustin (1868).

2748. **Daniel Dupuis** : Médaille commémorative de la construction de l'église Saint-Joseph.

2749. **J.-C. Chaplain** : Médaille commémorative de la reconstruction de l'Hôtel de Ville de Paris.

2750. **O. Roty** : Plaquette. Prisons de Fresnes-les-Rungis.

2751. **F. Vernon** : Plaquette : Le métropolitain de Paris.

2752. **O. Roty** : Plaquette : Adduction des sources de l'Avre.

2753. **J.-C. Chaplain** : Médailles : République française.

(1) Médailles offertes par la Ville de Paris.

2754. **Chaplain** : Cavaignac.

2755. **Chaplain** : Casimir-Périer.

2756. **Chaplain** : Loubet.

2757. **Alphée Dubois** : Carnot.

2758. **Roty** : L'école d'A-thènes.

2759. **Roty**. Les funérailles de Carnot.

2760. **Roty**: Union franco-américaine.

2761. **Roty** : Art appliqué à l'industrie.

2762. **Daniel Dupuis** : La source.

2763. **Daniel Dupuis** : Le nid.

2764. **Charpentier** : La Peinture.

2765. **Vernier** : L'Archéo-logie.

VI. BISCUITS DE SÈVRES : Originaux [1].

2766. **Le Riche** : Groupe « Le déjeûner ». (*Fin xviiie siècle.*).

2767. **Le Riche** : Groupe « La raison ». (*Révolution.*)

2768. **Boizot** : Buste « Général Bonaparte ». (*Consulat.*)

2769. **Frémiet** : Figure : « Jeanne d'Arc en prière ». (*xixe siècle.*)

[1] Biscuits offerts par le Gouvernement français.

DEUXIÈME PARTIE.

LE PRÉSENT DE L'ART FRANÇAIS.

CHAPITRE Ier : L'Art d'aujourd'hui.

L'art qui vit encore ne se laisse pas, comme l'art du passé, enfermer dans une définition. Bien des œuvres n'auront pour nous toute leur valeur que lorsque l'artiste qui les créa aura achevé son évolution. Pour comprendre l'art qui cherche, la beauté qui se crée, nous n'avons guère d'autre méthode sûre que d'attendre, comme pour les fruits, le temps de pleine maturité. En France le mouvement de l'art est à la fois ralenti par une tradition fort respectable & accentué par un esprit de nouveauté qui n'a jamais été plus ardent qu'à notre époque. L'antagonisme est assez vif entre ceux qui tiennent le frein & ceux qui alimentent le moteur. Il résulte, dans l'ensemble, que l'art français moderne n'est pas plus déterminé à sacrifier le riche héritage légué par les siècles qu'il n'est disposé à se contenter de le conserver.

L'architecture est de tous les arts celui qui montre le moins d'incertitude, parce qu'elle est dirigée dans ses

innovations par des conditions matérielles & des pro-
grammes précis. Le problème est pour elle d'utiliser des
matériaux nouveaux, de répondre aux exigences de la vie
moderne, tout en restant fidèle au goût français traditionnel. Dans nos monuments publics, comme dans
les maisons privées, notre architecture française se con-
tinue sans se répéter.

Pour les arts plastiques, sculpture & peinture, le frein
conservateur se fait moins sentir & les artistes, moins
assujettis à des nécessités matérielles & utilitaires, donnent
plus libre cours à leur fantaisie. Les expositions par-
ticulières & même les salons annuels nous font assister
à des tentatives assez violentes pour transformer nos
habitudes. Toutes ces tentatives n'aboutissent pas. Il en
résulte toutefois dans la cité des arts un état d'instabilité
& une apparence d'anarchie qui rendent bien difficile une
définition d'ensemble. Ce sont là des signes d'une vitalité
ardente; mais le goût public, l'opinion générale, qui
doivent suivre le mouvement de l'art, sont presque toujours distancés en raison de la rapidité des modes. Dans
l'ensemble, si l'on voulait caractériser la direction générale
de notre avant-garde, on pourrait dire que les sculpteurs
manifestent une tendance à la simplification, à la manière des écoles archaïques; au style tourmenté ils ont
substitué la rigidité architecturale. Quant aux peintres,
c'est une réaction de même nature qui leur fait aban-

donner les effets de lumière des impressionnistes pour la solidité des formes. Quantité d'« écoles » à noms bizarres & à doctrines confuses se sont ouvertes; pour autant que l'on peut voir clair dans ces recherches inquiètes, il semble que nos jeunes peintres ne cherchent plus dans la peinture un portrait exact des choses; ils s'efforcent de s'évader de ce naturalisme qui règne sur toute la seconde moitié du XIXe siècle.

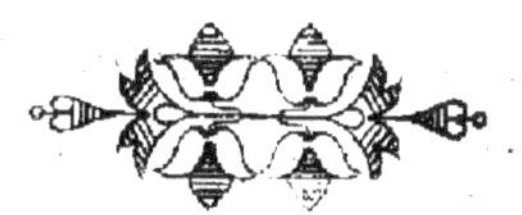

CHAPITRE II :

Un spécimen de l'Art français contemporain.

L'Art décoratif.

C'est peut-être dans l'art décoratif que les tentatives des novateurs contemporains ont obtenu le plus de succès. C'était d'ailleurs dans cet art qu'il était le plus nécessaire d'innover. Le XIXe siècle, qui a laissé des œuvres si expressives & si fortes, avait par contre négligé la décoration. Pour les meubles, on cherchait surtout à copier les styles anciens & après la période de l'Empire, la tradition décorative qui se continuait en se transformant parut s'arrêter. Vers la fin de ce siècle, un groupe d'artistes estima que l'admiration du passé ne devait pas étouffer le présent & il se proposa de faire naître & vivre un style décoratif qui ne serait pas seulement une démarcation des meubles d'autrefois. Après des hésitations & des erreurs, il est incontestable qu'une forme artistique a vu le jour. Les caractéristiques de ce style sont d'abord dans l'exacte appropriation de la matière & de la forme à l'utilité; car nos décorateurs n'ont pas oublié que les meubles & même les objets décoratifs doivent répondre à un usage. De plus nos décorateurs ont su tirer un parti nouveau de matières jusque-là négligées ou abandonnées. On a vu ainsi le grès, le bois sculpté, le fer forgé fournir des meubles ou des bibelots adaptés à notre vie moderne, qui n'ont plus aucune attache avec les styles classiques & qui cependant en font revivre les meilleures qualités, la forme raffinée & le luxe discret.

Il était possible de présenter au musée de Montréal un ensemble de ces objets caractéristiques de notre école contemporaine d'artistes décorateurs. En s'amplifiant, cette collection pourra donner peu à peu une image plus complète de l'art français qui vit.

CHAPITRE II : l'Art décoratif précieux.

Guide du Musée.

Bastard (G.), *16, rue Sainte-Cécile, Paris :*
3001. Une boîte en amboine & nacre.

Bonfils (R.), *5, rue Latran, Paris :*
3002. Tasse & soucoupe porcelaine (exécutées par la Manufacture Nationale de Sèvres).

Decœur (E.), *31, rue de Clamart, Fontenay-aux-Roses :*
3003. Un plat céramique de grand feu.
3004. Une coupe céramique de grand feu.
3005. Une coupe céramique de grand feu.

Decorchemont, *12, rue Ganneron, Paris :*
3006. Une coupe en pâte de verre.

Delaherche (E.), *La Chapelle aux Pots :*
3007. Un vase grès de grand feu.
3008. Un vase porcelaine de grand feu.

Dunand (J.), *72, rue Hallé, Paris :*
3009. Un vase cuivre oxydé & laqué.
3010. Un vase cuivre niellé d'argent.
3011. Un plateau cuivre niellé d'argent.

Jaulmes (G.-L.), *45, rue E. Nortier, Neuilly-sur-Seine.*
3012. Une reliure (exécutée par l'atelier Ecole de l'Union Centr. des A. D.).

Lachenal (René), *102, avenue Victor Hugo :*
Boulogne-sur-Seine :
3013. Un vase céramique.

Lalique (R.), *40, cours Albert Ier, Paris :*
3014. Un plat verre émaillé.
3015. Un vase verre opalin.

Lalique-Haviland (Mme), *40, cours Albert Ier, Paris :*
3016. Une bonbonnière en porcelaine. (Manufacture Nationale de Sèvres.)

Le Bourgeois (G.), *La Vieille Poste, Rambouillet :*
3017. Chat en amboine sculpté.
3018. Chasse en amboine sculpté.

Lenoble (E.), *35, rue Chevreul, Choisy-le-Roy :*
3019. Un vase poterie de grand feu.
3020. Un vase poterie de grand feu.
3021. Un vase poterie de grand feu.

Goupy (M.), *30, rue de Clichy :*
3022. Un vase verrerie émaillé.

Marinot (M.), *26, rue Courtalon, Troyes :*
3023. Un flacon verre émaillé.

Menu (V.-H.), *5, rue Émile Allez, Paris :*
3024. Un vase porcelaine (Manufacture Nationale de Sèvres.)

Massoul (F.), *100, Grande rue, Maisons-Alfort :*

3025. Une coupe céramique à pâte sableuse.

Puiforcat (J.), *27, rue Théry, Paris.*

3026. Un sucrier argent & quartz rose.

Rapin (H.), *95, rue du Bac.*

3027. Un reliure (exécutée par l'Atelier École de l'U. C. A. D.).

Simmen (H.) *5, boulevard des Platanes, Marseille :*

3028. Un vase céramique de grand feu.

3029. Une coupe céramique de grand feu.

Porcheron (J.), *81, rue du Cherche Midi, Paris :*

3030. Une boîte émail sur argent.

Beltrand (J.), *69, boulevard Pasteur, Paris :*

3031. Une gravure sur bois.

Dethomas, *96, rue des Ternes :*

3032. Un dessin de costume pour «Goyescas».

3033. Un dessin de costume de théâtre.

Groult (A.), *31, rue d'Anjou, Paris :*

3034. Une chaise en citronnier & amaranthe.

Lepère (A.) :

3035. Une gravure sur bois.

Mare (A.), *22, avenue de Friedland, Paris :*

3036. Une chaise en palissandre.

PRINCIPAUX LIVRES

pour l'étude de l'histoire de l'art français.

GÉNÉRALITÉS :

Louis Hourticq. — France.

Louis Courajod. — Leçons professées à l'école du Louvre.

L. Dussieux. — Les artistes français à l'étranger.

E. Bellier de la Chavignerie. — Dictionnaire général des artistes de l'École française.

St. Lami. — Dictionnaire des sculpteurs de l'École française.

Viollet le Duc. — Dictionnaire de l'architecture française.

E. David. — Histoire de la sculpture française.

L. Gonse. — La sculpture française.

Paul Mantz. Luc Olivier Merson. Henry Marcel. — Histoire de la peinture française.

C. Duplessis. — Histoire de la gravure en France.

Viollet le Duc. — Dictionnaire du mobilier français.

H. Havard. — L'orfèvrerie française.

J. GUIFFREY. — La tapisserie, son histoire, depuis le moyen âge jusqu'à nos jours.

J. QUICHERAT. — Histoire du costume en France.

L. GILLET. — Histoire des arts en France (dans l'*Histoire de la Nation française,* de G. Hanotaux).

ÉPOQUE GALLO-ROMAINE.

S. REINACH. — Description raisonnée du musée de Saint Germain.

ESPERANDIEU. — Recueil général des bas-reliefs de la Gaule-romaine.

C. JULLIAN. — Histoire de la Gaule.

ÉPOQUE ROMAINE.

J. QUICHERAT. — Mélanges d'archéologie & d'histoire.

E. CORROYER. — L'architecture romane.

C. ENLART. — Manuel d'archéologie française.

GELIS DIDOT ET LAFFILLÉE. — La peinture décorative en France.

ÉPOQUE GOTHIQUE.

LOUIS GONSE. — L'art gothique.

L. VITET. — Notre-Dame de Noyon.

M. AUBERT. — Notre-Dame de Paris.

LASSUS. — Monographie de la cathédrale de Chartres.

LE XVIIIe SIÈCLE.

P. MARCEL. — La peinture française au début du XVIIIe siècle.

E. ET J. DE GONCOURT. — L'Art du XVIIIe siècle.

GILLET. — Watteau.

S. ROCHEBLAVE. — Pigalle.

L. RÉAU. — Falconet.

J. LOCQUIN. — La peinture d'histoire au XVIIIe siècle.

A. MICHEL. — Boucher.

P. DE NOHLAC. — Nattier.

G. SCHÉFER. — Chardin.

DE FELICE. — Le meuble français sous Louis XV & sous Louis XVI.

ART SOUS L'EMPIRE.

F. BENOIT. — L'art français sous la Révolution & l'Empire.

M. FOUCHER. — Percier & Fontaine.

DELÉCLUZE. — Louis David.

GAUTHIEZ. — Prudhon.

LEMONNIER. — Gros.

LE XIXe SIÈCLE.

L. MAGNE. — L'architecture française du siècle.

H. MARCEL. — La peinture française au XIXe siècle.

CH. BLANC. — Les artistes de mon temps.
L. ROSENTHAL. — La peinture romantique.
H. DELABORDE. — Ingres.
H. LAPAUZE. — Ingres.
H. MARCEL. — Daumier.
MOREAU NELATON. — Corot.
H. MARCEL. — J. F. Millet.
G. RIAT. — Courbet.
M. VACHON. — Puvis de Chavannes.
C. MAUCLAIR. — L'impressionnisme.

FRANCE-AMÉRIQUE.

82, Avenue des Champs-Élysées, Paris (VIIIᵉ).

COMITÉ DE PATRONAGE.

Alexandre Millerand, président de la République française.

Le Ministre des Affaires étrangères.

Le Ministre du Commerce.

Le Ministre de l'Instruction publique.

Le Ministre des Colonies.

Les Ambassadeurs de France *aux Etats-Unis & au Brésil*.

Les Ministres de France *dans les Républiques américaines*.

Le Consul général de France *au Canada*.

Le Président des Chambres de Commerce *de Paris, de Lyon, de Marseille, de Bordeaux, du Havre*.

MM.

Prince d'Arenberg, de l'Institut, président du *Comité de l'Afrique française*.

† Aucoc, de l'Institut, président du Conseil d'administration de la *Cⁱᵉ des Chemins de fer du Midi*.

Appell, de l'Institut, président du Comité de direction du *Groupement des Universités de France*.

† Aynard, de l'Institut, député.

Prince Roland Bonaparte, de l'Institut, président de la *Société de Géographie*.

Léon Bourgeois, sénateur, ancien ministre des Affaires étrangères.

Jules Cambon, de l'Académie française, ambassadeur.

† Francis Charmes, de l'Académie française, directeur de *la Revue des Deux-Mondes*.

G. Clemenceau, sénateur, ancien président du Conseil.

† Baron de Courcel, de l'Institut, ambassadeur de France, sénateur, président du Conseil d'administration de la *Cⁱᵉ d'Orléans*.

Dervillé, président du Conseil d'administration de la *Cⁱᵉ Paris-Lyon-Méditerranée*.

† Paul Deschanel, de l'Académie française, ancien président de la République française.

Doumer, sénateur, ancien président de la Chambre des députés.

† Jean Dupuy, sénateur, président du Syndicat de la Presse parisienne.

† Étienne, député, ancien président du *Comité de l'Asie française*.

† Foncin, président de *l'Alliance française*.

Amiral Fournier, de l'Institut.

† De Foville, secrétaire perpétuel de *l'Académie des Sciences morales & politiques*.

† Frémiet, de l'Institut.

† Amiral Gervais, président d'honneur de la *Ligue Maritime française*.

† Ch. Gomel, président du Conseil d'administration de la *Cⁱᵉ de l'Est*.

Comte d'Haussonville, de l'Académie française.

Hébrard de Villeneuve, vice-président du Conseil d'État, président de l'*Office national du Tourisme*.

COMITÉ DE PATRONAGE (Suite).

† Paul Hervieu, de l'Académie française, président de la *Société des Auteurs dramatiques*.

Frantz Jourdain, président de la *Société du Salon d'automne*.

† Étienne Lamy, secrétaire perpétuel de l'Académie française.

† Professeur Lannelongue, de l'Institut, sénateur.

Ernest Lavisse, de l'Académie française, directeur de *la Revue de Paris*.

† A. Leroy-Beaulieu, de l'Institut, directeur de l'*École des Sciences politiques*.

† Paul Leroy-Beaulieu, de l'Institut.

Général de Lacroix.

Georges Lecomte, président de la *Société des Gens de Lettres*.

† Levasseur, de l'Institut, administrateur du *Collège de France*.

† Mézières, de l'Académie française, sénateur, président de l'*Association des Journalistes parisiens*.

† Massenet, de l'Institut.

Nénot, de l'Institut, ancien président de la *Société des Artistes français*.

Patenôtre, ambassadeur de France.

Raymond Poincaré, de l'Académie française, ancien président de la République française.

† Louis Renault, de l'Institut.

Ribot, de l'Académie française, sénateur, ancien ministre des Affaires étrangères.

Marquis de Rochambeau.

† Auguste Rodin.

† Roll, président de la *Société nationale des Beaux-Arts*.

Baron Edmond de Rothschild, de l'Institut.

Baron Édouard de Rothschild, président du Conseil d'administration de la *Cie du Nord*.

† Roujon, de l'Académie française, secrétaire perpétuel de l'*Académie des Beaux-Arts*.

† Saint-Saëns, de l'Institut.

Teissier, président du Conseil d'administration de la *Cie des Chemins de fer du Midi*.

† Vidal de la Blache, de l'Institut.

† Marquis de Vogüé, de l'Académie française, président de la *Société des Agriculteurs de France* & de la *Croix-Rouge française*.

† Vicomte de Vogüé, de l'Académie française, vice-président du *Comité de l'Afrique française*.

Baron de Zuylen, président de l'*Automobile-Club*.

BUREAU DU COMITÉ.

Président : M. Gabriel Hanotaux, de l'Académie française, ancien ministre des Affaires étrangères.

Vice-Présidents : MM. Emile Heurteau (prés^t de la Section de Propagande); Maréchal Fayolle (prés^t de la Section France-Etats-Unis); Louis Barthou (prés^t de la Section France-Amérique latine); François Carnot (prés^t de la Section France-Canada); baron d'Anthouard (prés^t de la Section France-Brésil).

Présidents de Commissions : MM. Alfred Croiset (Enseignement); François Carnot (Beaux-Arts); Paul Templier (Industrie & Commerce); Edmond Chaix (Tourisme); J. dal Piaz (Bureau d'Accueil).

Trésorier : M. le Comte Robert de Vogüé. — *Directeur général* : M. Gabriel Louis Jaray, membre du Conseil d'Etat.